新 潮 文 庫

ボタニカル・ライフ

—植物生活—

いとうせいこう著

新 潮 社 版

7390

ベランダー　とりあえず十の掟

一：いい加減に愛したい
二：枯れるのは置場所のせいだと信じるべし
三：隣のベランダに土を掃き出すなかれ
四：捨てられていたら拾え
五：食後は植えられる種を探すべし
六：水さえやっときゃなんとかなる
七：隙間家具より隙間鉢
八：観察力で独断せよ
九：ばあさんが情報源
十：狭さは知恵の泉なり

イラストレーション：笹尾俊一
ブック・デザイン：坂本志保

BOTANICAL LIFE : Contents

ボタニカル・ライフ：目次

1998年

出版にあたって

　これはベランダーの手記である。

　ベランダー。ガーデナーとの違いは一目瞭然《いちもくりようぜん》だろう。庭のない都会暮らしを選び、ベランダで植物生活を楽しんでいるのだ。

　ベランダ園芸という言葉はある。したがってベランダ園芸家という呼称もある。だが、ガーデナーと違って我々の階級には洒落《しやれ》た英語がなかったのである。おかげで、庭もないのにベランダ・ガーデナーなどとひどい語義矛盾がはびこる始末だ。なんだそれは、一体。ベランダなのか庭なのかはっきりしろと迫りたくなる。

　しかし、もうこれからは安心である。皆さんも胸を張ってベランダーと名乗っていただきたい。名乗った途端に不思議と気持ちが張り切り、むしろ庭など金輪際持ちたくないというような無理な気概に満ちてくる。こんな狭い部屋に住んでる私はなんと哀れであることよとか、しょせん仮住まいですからねなどといった消極的な気分はすぐに吹き飛ぶ。人生何事も肯定が必要だ。自己欺瞞《ぎまん》とも言う。

さて、先にちらりと本文を読んだ方の中には、俺という一人称が気になった向きも多いのではなかろうか。園芸に関して「俺」などという語りは下品に過ぎると眉《まゆ》をひそめる奥様方が予想される。

鉢植えが好きだとか、ベランダで水をまくとか言うと、どうも過度に優しい上品な人間だと思われやすいのである。よく凶悪犯罪のあとの聞き込みで「普段はいい人でした」とか言ってるが、ああいうのも実際は「普段はよくタチアオイに水をやってました」という意味だったりするのではなかろうか。植物を愛することが〝いい人〟の象徴なのである。だが、どんなに冷たい人間も凶暴な輩《やから》も等しく植物を育てる。いい加減で自己中心的な人間も、まめで思いやりにあふれた人間もやはり等しく咲いた花に目を細める。

ただ、違うのは心がけである。自分はどうもいけない。ひどく冷えると窓を開けるのも億劫《おっくう》になり、それで一日世話が遅れたりする。完全に枯れている植物を見てもなかなか事実を認めようとせず、葬《ほうむ》るのを一カ月以上伸ばしていたりもする。肥料のやり方は雑である。底に抜けるまで水をやらないこともしばしばだ。かよわい花を西日に当てて悠然《ゆうぜん》と煙草《たばこ》など吸っていることもある。植物からしてみれば、俺は愛の足りない人間に違いない。

しかし、それでも俺は十分必死なのだ。しおれた茎には心を痛め、表土を覆《おお》ったカビを見ればガクゼンとする。その時、俺はかつてないほど俺以外の生命を愛しているのである。

人格の不完全さを植物に見守ってもらっている。ひょっとすると、それがベランダーという言葉の真の意味合いなのかもしれない。

このような不完全な植物愛好者ゆえに、自分はあえて乱暴に「俺」という言葉を使うのである。きちんとした知識のもとに植物を育てているわけでもなく、常に美しくその容姿を整えているわけでもない。まるで山賊が美女でもかっさらってきたかのように不器用に、そしておどおどと俺は植物を見つめてきたのだ。

それがこのボタニカル・ライフの全貌《ぜんぼう》である。


ある日唐突に、この手記は始まった。

誰に頼まれたわけでもない。思いついてどこかの雑誌に持ち込んだわけでもない。

ホームページである。

つまり読者も自分、編集者も自分というような状況の中で手記は始まり、しかしなぜか毎月俺は書き続けたのである。実質上締め切りなど存在しない。そのかわり決まった文章量もない。その自由さが俺にはひどく新鮮だった。毎月毎月、書きたくて書きたくてたまらず、文章が伸びていくのにまかせてキーを叩《たた》き続けた。

もともとはカレル・チャペック大先生の名著『園芸家12カ月』にひどく感動したのであった。全編にあふれる無償の愛に圧倒され、はからずも俺は涙を流しながら読み終えたのだ。

俺も無性に何か書きたいと思った。もちろん先生にかなうはずもないし、真似《まね》をしたいと思ったわけでもない。とにかくもう、矢も盾もたまらずとはこのことではないかと思うような激情に駆られて、俺は鉢植えをあらためて仔細《しさい》に眺め、その成長ぶりを文章にし始めたのである。誰が読むかなどということはまるで頭になかった。ひたすら書きたかった。モヤシが殻を破って伸びてくるのに理由がないようなものだ。

ところが、読者からのメールがだんだん多くなってきた。さぼっていると「次はいつですか」などと催促してくる。知らぬ間に読者が直接編集者になっているのである。俺は催促されるのが大嫌いだ。もともと締め切りに遅れることは希有《けう》で、わりと自己管理がしっかりしているつもりである。したがって、締め切りでもないのに編集者が様子を探ってくると頭にくる。で、かえって原稿が遅くなる。大変なアマノジャクだ。

それを知らずに読者どもはさかんにせっついてくるのである。こっちは催促されるのがいやさに、次々書いてやろうと勇み立つ。相手を出し抜いてどんどん原稿をアップし、二度と催促出来ぬようにしてやるのだ！

こうして、だましたつもりがすっかりだまされたまま年月が過ぎた。そのうち、奇特にも紀伊國屋書店の『i feel』（サイト・マガジンでもある）が連載として扱ってくれるようにもなった。しかも締め切り、文章量ともに自由のままである。ありがたさにまたどんどん書いた。

ホームページという性格上、どこから読んでもいいように書いてある。したがって本にしてみると冗長な部分も多い。気になるところは直したが、直し過ぎると勢いが消えてしまう。頼まれもせずに書いているというはた迷惑な情熱が冷めるのも惜しく、たいがいはそのままにした。どうか御理解いただき、気になった章から好き勝手に読み捨てて欲しい。どうせ山賊のたわ言なのである。

日付を残したのは、同志ベランダーが「ああ、あの台風か」とか「あの年は日照りが長くてねえ」などと共感して下さるおそれがあるからだ。植物のサイクルは言うまでもなくたいていい一年である。同じように芽が出て同じように花が咲くとも言えるが、むろん毎年少しずつ状況が変わる。花芽に気づかず、他の芽の剪定《せんてい》を怠れば実りは期待出来ない。ほんのわずか鉢の位置を変えただけでもその後の成長が激変する。そして、なんといっても人類の手に負えない気象によって。

だが、その変化は太陽のある限り反復する。

人間がすべて死に絶えても反復するだろう。

したがって、ちゃちなベランダでのこの瑣末《さまつ》なエッセイもまた、繰り返し続ける植物の生命のほんの一瞬と戯《たわむ》れた記録に過ぎない。

いや、だからこそ何年後に読んでも不変なのだと言い張りたくなるのは、人間でしかない者のやくざな悔しさから来ている。

まあ難しいことはともかく、ベランダに出て水でもまこうじゃないか。

ボタニカル・ライフ

BOTANICAL LIFE

DO YOU BE-LIVE IN FLOWER POWER?

1996年10月

(October)

DO YOU BE-LIVE IN FLOWER POWER?

BOTANICAL LIFE

アロエ
[1996・10・2] 落ちてきたアロエ

アロエを拾ったのである。葉っぱの先っぽを。

それも横断歩道の近くで。

見つけた時はなんとも思わなかった。ただ、一瞬心臓がドキッとして、その後はただ当たり前のように拾っていた。ギザギザした緑色の葉は、ちょうど蛸《たこ》の足のようだったから、むしろ周囲の人が驚いたかもしれない。キャップをまぶかにかぶった男が、横断歩道の前でかがみ、すぐさまその手に緑の蛸足を持って再び歩き出したのである。

しかも、男はニコニコしている。

ニコニコしながら、ちらちら蛸足に目をやる姿は、まるでキャンディーを持った子供のような感じである。

しかも、落ちているのを見つけたにしては、あまりに動作が自然で顔もしごく当たり前みたいな表情である。

信号を待ちながら振ったりしている。すっかり自分の物という感じで、もう見もしない。ただ、指先で感触を試している。

そのまま、男は緑の蛸足とともに車道を渡り、細い道に消えていく。

これはかなり不思議な印象を与える出来事だろう。

だが、男としてはなんだか当然なのである。

鉢植えが好きで、やたらにいろんなものを植えては日がな一日見ていたりする以上、自分の目の前に唐突にアロエが落ちていたら、それは拾うしかない。

なにしろ、他人の家の庭から突き出ているやつさえ切り取りたくなるくらいだから、落ちているのは実にありがたい。

なんの罪も犯さず、植物生活に彩《いろど》りを加えることが出来るのだ。

家に帰り着いて、急いで適当な鉢を出し、そこに赤玉土でも入れてやればよい。水はけのいい土に挿したアロエは、いわば地球に帰還した後で別荘に落ち着いた宇宙飛行士のようなものだ。ゆっくりと重力を味わいながら、背筋を伸ばし、やがて子供でも作ろうかという気になるだろう。

なにせ、落ちていたのである。

こちらからすれば、空から降ってわいたと考える方が素直である。

誰かが運搬中に落としたにしては出来過ぎている。

こうして、アロエは我が家の窓辺に立っている。

少し水を吸い過ぎて、大気圏突入の際の傷が広がってきているが、それはまあ仕方あるまい。

宇宙を漂い続けて、火星にでも落ちるよりはよほどましだろう。

それにアロエなのだ。

自分の傷くらい自分で治せなくては、その魂が泣くというものだ。

だが、やつは二週間後、地球の環境と自己の治癒能力の至らなさを嘆きながら死んでいった。

ぼさ菊 ［1996・10・16］　ぼさ菊の由来

ベランダには、ぼさ菊というやつもいる。

去年の秋、鉢いっぱいに咲く黄色い花にひかれて買ってきたのだ。花たちは力を合わせて半球状に固まり、弾力のあるアフロヘアみたいな形になって、しばらくベランダを飾っていたものである。茎自体は十本くらいだろうか。同じ長さの茎から枝が伸び、その先のあちこちに、まさにこぼれんばかりの花をつけてやがる。

こんなかわいらしいものを、誰がぼさ菊などと名づけたのか。

まったくひどいものだと内心やつらに同情していたのを思い出す。同情しながら俺は丹念に水をやり、液肥やら油かすやらを与え、なるべく長くその美しい黄色の球が輝き続けるよう願った。

なにせ、やつらの身上は、よってたかって咲き、全体の調和をもって人にため息をつかしめるところにあるからだ。

こういう花の美しさは、どこか一角でも崩れると弱い。

虫がついておかしな綿状の巣を作ったり、何かの拍子で一本の茎が枯れたりすれば、そのマスゲーム的な調和はもろくも乱れ、鉢は一気に残骸《ざんがい》化してしまうのである。

だからこそ、俺は細心の注意を傾けた。

幸い、ぼさ菊は調子よく育ち、育ちながら咲き続けたものだった。

やがて冬が来て、ぼさ菊は一斉に花を落とし、葉を茶色くしていった。

枝が十分に枯れた頃、俺はハサミを取り出して、すべてを同じ長さに切りそろえた。

そして、水やりに気をつかい、肥枯《こえが》れのないよう注意を続けた。

次の年の秋にも、またあの見事な黄色い球を作り、弾力の感覚と重量感で俺を楽しませてくれることを心待ちにしたのである。

春が過ぎ、夏が訪れても、ぼさ菊はしぶとく葉を伸ばし続けた。

暑さにまいったのか、茎や葉が茶色の度合いを増し、しだいに灰色化する様相を示しはしたものの、いくつかの死にゆく鉢たちの中、やつは常によく水を飲み、飼い主たる俺を勇気づけた。

そして、風が冷たくなってきた初秋、ついにやつは青葉を茂らせたその先にとんぼの目玉くらいの蕾《つぼみ》を付けたのである。気づけば、あちこちに目玉はあった。俺は狂喜したといってもいいくらいに狂喜した。

なにしろ、突然である。

水やりがすっかり惰性化し、表土の渇き具合だけを見るようになっていた時期だから、葉の先など見てもいなかったのである。

それがふと、本当にふと気づいた。

ぼさ菊が今年もあの花を咲かせる準備を整えたのだ！

そして、ほんの三日前、とうとう花がほころび始めたのである。緑色をした固そうなとんぼの目玉は内部からの力によってふくらみ、開き、今度は小さな小さなとんぼの羽根のような黄色い花弁を一枚ずつこの世に解き放ったのだ。だが、それらが去年のように美しいマスゲームを演じないことは、その時点で明白であった。

俺はやつらを愛するあまり、途中の剪定《せんてい》をいっさい行っていなかったのである。茎どもはめいめい勝手な方向に伸び、伸びた先で花を咲かせ始めたのだ。

したがって今、ベランダでは俺の愛したぼさ菊の茎が、二年目にして勝ち取った自由主義の世を謳歌《おうか》しようとしている。枯れたままの根元もあらわに、ただただ花だけを美しく誇らんとしている。

今日も好き勝手に、やつら悪漢はその黄色い花をばさばさと開き続けているのだ。あれをぼさ菊と名づけた人間の気持ちが、今はよくわかる。心の底から納得出来る。だが、正確には「二年目ぼさ菊」と名づけるべきだったのだ。

アボカド　キリストとしてのアボカド

［1996・10・18］

駅前のスーパーでアボカドを買った時は、まだその野望はなかった。

ところが、皮をむいて包丁を入れ、さいの目に切って醬油《しょうゆ》をたらしたあたりで、鉢のことを考え始めていたのである。つまり、小皿にわさびを乗せる直前のことだ。食事中にはすでに、心はアボカド育成にしか向いていなかった。だから、作ったアボカドサラダの味を楽しむというよりは、これくらいの熟し具合なら種もやる気になっているのではないかとか、包丁で傷つけてしまったが大丈夫だろうかとか、そんなことばかり考えていた。他のメニューについては、まったく覚えていない。

めしを食い終えると、茶碗《ちゃわん》を片づける暇もなく窓を開け、ベランダを見回した。アボカドの種を植えるにふさわしい鉢はどれだろうかと目をぎらぎら光らせたのである。

アボカドの種というやつは、実に頼もしい風体をしている。

がっしりとしたアヒルの卵くらいで重さもあり、しかも黒光りなどしている。

考えてみれば、時に質量において果肉より種の方が大きいわけで、俺たちは種に金を払っているといってもいいのである。おそらく、その比率が逆だったら、アボカドは今ほどの高級感をかち得ていなかっただろう。いわば、包装紙ばかりが厚い御歳暮みたいな果物だ。

実際、アボカドの種を捨てる時ほど、その不条理な重さに悩むことはあるまい。あまりの重さで種は他のゴミをかき分け、必ずゴミ箱の底まで到達する。ゴトンというその音は、まるで石でも投げ込んだように大仰である。なんだか、買ってきたアボカドよりも、種の方が重かったのではないかといぶかしむほどだ。いや、たぶんそうに違いない。

それならば、なぜその種を植えてみないのか。なにしろ、売っているのは種なのだ。決して果肉ではない。

鉢植え好きなら誰でもそう考えることだろう。

だから、俺も植えたのだ。黒い陶器で出来た丸みを帯びた鉢を選び、あらかじめ大鉢の中に貯《た》めておいた「死者の土」を盛って。

「死者の土」というのは、死んでいった他の植物たちがその根を張っていた土のことだ。俺はその土をひとつにまとめて、たまにまぜかえしたりしているのである。腐った茎や根が混じることで、土が肥えるのではないかと勝手に推測しているのだが、その一方で、何キロもする新しい土を買ってくるのは面倒だとも思っている。それでわざわざ「死者の土」などという名前を付けて自分をごまかしているのだ。

美学とはそんなごまかしのことである。「死者の丘」とか「国家のための死者」とかいった美しげな言葉には、だから注意しなくてはならない。たいていは、何キロもする新しい土を買ってくるのが面倒なだけである。それが国家規模の悲劇なのか、小さなベランダ内でのことなのかには関係がない。人は面倒な時、美学を使う。

何はともあれ、俺は植えた。

そして、ちっとも芽を出さないアボカドに嫌気がさした。

知人に聞いてみたところ、アボカドは土に植えるより、種の両側を楊枝《ようじ》で刺して水を張ったコップか何かの上に引っ掛けておいた方がいいという。

だが、今さらそんなはりつけ獄門みたいなことはしたくなかった。

なにせ、俺のアボカドはすでに「死者の土」の奥で眠っていたのである。そいつを掘り出してはりつけにするなどということは、死者を冒瀆《ぼうとく》するに等しい。だから俺は、また一人死者が出て、土を肥やしているのだとだけ考えることにした。

ところが、知らぬ間に芽が出ていた。

埋葬からほぼ一カ月を経て、種はおそらく根を張り、黒い土と重力をかき分けてその芽を伸ばしたのである。

直径五ミリほどのなかなか立派な芽である。

まっすぐに天を突き刺している。

希薄な緑色に、これまた薄い赤を混ぜたような肌なのは、表面が透明で内部の色素まで見えるからである。これがあの偉丈夫の新しい生の姿なのかといぶかしむほど、それは敏感そうに日を浴びている。

芽は「死者の土」などという美学とはまるで無関係に伸びつつある。発見してわずか三日のうちに、どこからどう発生したものか、三ミリほどの葉の出来かけを胴体の横に付けている。よく見れば、まるで照れた子供が頭に手をやるような形で、先っちょにも小さな二本の腕が出てきている。

あの不条理な重さをすべて土中に隠し、アボカドは軽やかに天に向かう。

なぜ、諸君はアボカドの種を捨てるのか。

やはりアボカドは、種をこそ売っているのだ。果肉などは急いで食ってしまい、すぐにその種を植えよ。

たとえ「死者の土」がなくとも、俺たちはそいつを冷酷にはりつけてやればいい。

ニチニチ草

［1996・10・25］

ペースメーカー・ザ・グレート

ニチニチ草はボタニカル・ライフ初期の頃から、俺のベランダにいる。

花屋では六百円くらいで売ってるし、夏から秋まで長い期間をほとんど店先の棚ざらし状態で過ごしているだけに、こいつは割に軽んじられやすい草花だと言えるだろう。

だが、都会での園芸を愛する人間は絶対にこいつを軽蔑《けいべつ》することがない。

毎日のように花開き、散り、また花開いては、散る。地味といえば地味な風体ながら、こいつと同等の働きをする鉢植えなどまずないのだ。

窓辺やベランダにぽっと色をつけてくれる花が、都会の生活を明るくしてくれることに疑いはないだろう。ところが、花を咲かせる植物というやつは、その青春が短い。おお、咲いた咲いた咲いたなどと喜んでいるのもつかの間、すぐさまどこかがしおれてくる。あわてて肥料でもやり、ショック療法など試みるが、じたばたしても青春は青春だ。お肌の曲がり角はとうてい隠しきれず、早くも植物どもは次なる「壮年の輝く私」に向けて準備に怠りがない。太い幹をさらにでっぷりとさせ、花の周囲を青々とした葉で覆《おお》うのだ。

そこへいくと、ニチニチ草というやつは偉い。

まず、蕾がつく。そいつがわずか一日くらいで、にゅーっと伸び出してくる。そして開花。しおれるかと思う間もなく、にゅーっと伸び出した細いバトンのような部分が花ごと落ちてしまう。だが、素早いことに隣の茎の先に新たな蕾がついているから、こちらはがっかりすることがない。

まるで複雑なリレー競技のように、あそこの花からここの花、ここの花からそこと、ニチニチ草はバトンをつないでいく。しかも、その小さな大運動会は二カ月くらいの間、飽きるほど続くのである。

ぱっと散る桜の美学と、いつまでも咲き続ける生命力の謳歌《おうか》。そのふたつを併せ持ったニチニチ草は、その上安いのだ。やつこそまさに、鉢植え中の鉢植えなのである。

日々草と書いてニチニチソウと読ませるあたりが、そもそも憎いといわねばならない。俺は最初ヒビソウと読んでいて、鴨川《かもがわ》在住自然派作家の村山由佳《ゆか》さんに訂正された。ニチニチだなんて、そんな名前は普通、新聞でもなきゃつけないだろう。そこらあたりの不用意さもまた、俺の頬をゆるませる。

余談だが、あのコメディ界屈指の天才チーム、マルクス兄弟が六十年前にやっていたラジオ番組の台本すべてを訳した時、グルーチョが「ニチニチ草」の名を出すシーンに出くわした。ニセ霊能者になりすまして交霊のふりをしているグルーチョが、あろうことか「おお、来た来た。小さなニチニチ草が別世界から私に話しかけてきておりますぞ」と言うのだ。

原文だと“Ah, I hear the voice of little Periwinkle talking to me from another world.”チコ・マルクスの制止をふりきって交霊に没頭する場面だから、そのチコをニチニチ草の霊扱いしてからかったわけだ。ギャグの流れ的にはアドリブに近い感じがするから、もしかするとグルーチョ自身がニチニチ草を軽く見ていたのかも知れないとも思う。“Periwinkle”が何かの洒落《しやれ》であったとしても、同じことだ。

グルーチョがニチニチ草をあくまでもかわいらしく馬鹿《ばか》々々しいものとして受け取っていた、と感じるのはひいき目に過ぎるだろうか。だが、少なくともあの植物の長所は、馬鹿々々しいほど強く、しかもかわいらしいところにこそあることは確かだ。なにせ、勝手に運動会を催したら最後、やつらは頼んでもいないのに滅多やたらとバトンを手渡し続けるのである。

我が窓辺でそのバトンの最後の一本がついに落ち、とうとう葉だけが残った時、俺は何度も図鑑に目を落として確かめたはずの知識をまたも確認せざるを得なかった。非情にも印刷されている事実に変化はなかった。ニチニチ草は一年草なのだ。

それでも、俺はそいつを鉢から引っこ抜くわけにいかなかった。緑の葉は日々大きくなり、茎の丈も雑草のように増し続けていたからだ。

そこで、俺は花を終えたニチニチ草を、他の鉢植えのペースメーカーとして使うことにした。ある時は秋の風で冷えていくベランダに置き、またある時は冬の風に立ち向かわせ、あるいは西日のきつくなり始めた窓際《まどぎわ》へと移動させることで、つまりそれぞれの時期に鉢を置いてはいけない場所を調べようとしたのだ。

すなわち、我が鉢植え軍団が布陣をしくにあたって、ニチニチ草を斥候《せっこう》に出すことにしたのである。なにしろやつは強いから、多少のことではくじけない。しかも、乾くとすぐに葉がしおれ、水やり時を教えてくれる。おかげで、他の鉢たちは万全の戦況で戦うこととなり、適当な時に十分な水を補給してもらうことが出来たのだ。

そうやって、見事な働きぶりで一年を過ごしたニチニチ三等兵は、盛夏の頃を窓辺のきつい西日の中で送った。そして、夏の終わり。なんと、すっかり丈の高くなった茎の先にまたもバトンを持ったのである。俺は涙が出るくらい感動した。

あれほどきつい任務につきながら、貴様はまたも例の運動会を催さんとしているのか！　働くにもほどがあるぞ、ニチニチ！　俺は号泣し、号泣の一方でかたわらのバジルの葉をつんだ。

そして、二カ月。

やつは今、めっきり少なくなったバトンをよろよろと持ち替えつつ、毎日俺を見つめている。やつの言いたいことは、俺が一番よくわかっている。

ニチニチ三等兵は、早くも秋冷えの厳しいベランダに出たいのだ。

そうして、新たに軍勢の加わった鉢たちの先頭に立ち、今年も危ない役をかって出たいのだ。

◆BOTANICAL LIFE◆

DO YOU BE-LIVE IN FLOWER POWER?

1996年11月

(November)

DO YOU BE-LIVE IN FLOWER POWER?

◆BOTANICAL LIFE◆

十一月の陽気

[1996・11・6]

ボタニカル・ハードボイルド

久しぶりに休みを取ることが出来た。本当に久しぶりに。

今日から三日間、俺は家でゆっくりしていられる。原稿の締め切りはあるけれど、苦痛なんかない。小説以外の何かを書くことは料理を作って食べるような日常だし、書くものがなければこうして植物のことを文字にする。俺はそういう人間だ。

これがボタニカル・ハードボイルドってもんだぜ。

今日はひどく冷えた。昼過ぎに起き出して窓を開けた途端、あまりの冷気に驚いた。空は雪でも降りそうな厚い雲で覆《おお》われていて、遠くの車道から響く音もこもりがちだった。昨日までの曖昧《あいまい》な気温が信じられないくらいの、それは冬の陽気だ。

ベランダに置かれた段ボールの箱を持ち上げた。中にはシャコバサボテンの鉢が三つある。二つの小さな鉢は、摘んだ葉を差して増やしたものだ。

そう、俺は毎日欠かさず短日処理をしてるのさ。このくそったれな作業については別の機会に書くことにして、俺自身の話を続けよう。

芽を大きくし、赤く色づかせたシャコバの野郎をながめながら、パジャマの俺は考えた。

以前なら俺はこの陽気の変化を受け入れられなかった。昨日が暖かいのなら、今日は少しだけ暖かさが減っているくらいだろうとしか考えられなかった。漸進的に寒くなるのが秋から冬で、漸進的に暖かくなるのが冬から春。そして夏が来る。そうやって機械的に季節を覚えていたからだ。

俺はこれまでの三十五年間、季節を虹《にじ》みたいに思ってきたことになる。グラデーションを描いて変化するもの。それが季節だったし、陽気だったのだ。

だから、俺はいつでも着るものに失敗した。窓から顔を出して感じた温度よりも、虹の論理を優先させていたからだ。昨日が寒ければ、やたらと着込む。暑ければ、徹底的に薄着をする。それで余計に汗をかいたり、くしゃみをしたりしていた。

だが、今日は違った。俺はベランダで天気図を思い浮かべていた。そして、低気圧が来ているんだなと思った。だから急に冬が訪れたのだと納得し、そいつが連れてきた冷たい空気をわざとパジャマの中に入れさえした。

俺はついに覚えたのだ！　陽気はバラバラにやって来て、この世界を暖めたり凍らせたりするということを。秋だから薄ら寒いわけでもなく、逆に太陽が黄色く光っているわけでもない。言葉を裏切って進むのが陽気というものなのだ、と。

久しぶりの休みの日、俺はそうやってまたひとつ、誰も教えてくれなかったことに気づく。そして、寒さで弱ってきた様子のオリヅルランを二つ、部屋の中に運び込んでやる。

これが俺の毎日、ボタニカル・ハードボイルドだ。

田舎で畑を持つのも確かにいいだろう。

だが、俺はこの暮らしがやめられねえんだ。

長年都会に生きてると、くだらないことに感動出来るからな。

シャコバサボテン　［1996・11・27］
短日処理の日々

短日処理という不可解な響きの言葉を正確に聞き取ったのは、確か一カ月ほど前のことだった。それまで俺はその響きの裏に避妊処置というイメージをだぶらせており、何やらよからぬことを様々に想像するだけだったのである。

こうして、知っていても認識していないという現象は面白い。

たとえば、俺はある時まで半永久的という言葉の意味を把握していなかった。昔、下着なんて半永久的に着られるものだと言った人がいて、俺はそれを永久的という意味に解釈していたものである。おかげで、いつまでたっても下着を捨てられず、すっかりゴムのゆるくなったトランクスを箪笥《たんす》に入れておいたのだ。

下着も消耗すると認識したのはずいぶんあとになってからのことだった。つまり、半永久的が永久的と違うとわかった途端、俺は箪笥から古くなった下着をごっそりと捨てたのである。確かきっかけは時計の電池が切れたことだったような気がする。半永久的に動くとされていた時計が止まり、俺はショックを受けたのだ。半永久とは永久ではなかったのか！　永久の半分だって永久のはずではないか！　と。

まあ、これはおそらくネーミングの問題だろう。半永久的だなんていい加減な定義をするから、俺のようにとまどい続ける人間が出てくる。

比べて短日処理という言葉の呑《の》み込めなさはどうか？　これはひとえに処理の部分にかかっている。普通、処理といったら科学である。鉢植え界では他に使いようのない言葉なのだ。それでこちらはとまどう。とまどったあげくに、処分と混同する。なんだか冷酷なイメージをぼんやりと抱き、きちんと覚えることを否定するようになる。それで、精神分析でいうところの否認が起こるのだ。知っているのだが、認めないという現象が、である。

ともかく、俺は一カ月ほど前、短日処理を正確に理解することになった。蕾《つぼみ》はつけているのになかなか咲こうとしないシャコバサボテンに業《ごう》を煮やしていたからであった。その進行の遅れがどうやら短日処理に関係あるらしいのだ。

くわしい人には言わずもがなだが、シャコバサボテンは秋から日射量を減らしてやらなければならない。光を感知する時間をなるべく限定するのである。そうしないと、やつらは花を咲かせず、いつまでもうじうじしているのだという。部屋に置いてカーテンをしめればいいというものでもない。微量の光でもシャコバは感じ取り、花の時期を遅らせてしまうからだ。まさか、真っ暗な部屋で暮らすわけにもいかないだろう。それでは、俺がしぼんでしまう。

黒いビニールだの、段ボール箱だので遮光をするのが最もいい方法で、つまりそれが短日処理の実態なのだった。

これには俺も焦《あせ》った。咲くなら勝手に咲けばいいし、その気がなければ葉でも茂らせていればいいと考えていた俺だが、蕾という中途半端《はんぱ》なところで歩みをとどめているシャコバにはそもそも忸怩《じくじ》たるものがあった。

なじみの花屋へ行き、段ボール箱をもらってきた。シャコバの鉢は三つあった。もとの鉢がひとつに、そこから増やした小さな鉢がふたつ。その三つがきちんと光から護《まも》られるようなサイズを考えて、俺は段ボールを調整した。

最初にかぶせる時は少しわくわくした。なにしろ、処理である。科学実験なのだ。おそらく、日光写真を作る時くらいの興奮だったと推測出来る。

しかも、俺は開始時期を待ちに待っていた。一カ月間家を離れる予定がない時を見計らってやらなければならなかったのだ。ついにその一日目が始まった。そう思うと緊張で少し喉《のど》が渇いたくらいだ。

だが、そこからが長かった。短日処理は下手をすると一カ月以上続けなければならないのだ。

だいたい、俺が起きるのは昼過ぎである。眠るのが朝の四時か五時。シャコバへの日光のことを考えると、これはかなり不自然な生活パターンだ。夜十二時に箱をかぶせたとする。そうなると、シャコバたちが次に日の光を浴びるのが十二時間後。短い秋の一日を思えば、あまりに光が足りないような気がする。

それでは、眠る前ならかぶせ時かと言えば、そうでもない。仕事へ出掛ける前に段ボールを取っていかざるを得ないから、今度は暗い時間が圧倒的に足りなくなる。帰ってくるのが十二時過ぎになることなどざらだからである。

光が足りない方がまだましだと思った。なにしろ、短日というくらいだ。厳しい実験環境でも、シャコバの反応が期待出来ないのでは意味がない。

こうして、俺は来る日も来る日も段ボール箱を上げ下げした。夜帰ってくると段ボールをかぶせ、起きるとあわてて取りのける。どんなに泥酔《でいすい》した翌日でも、俺は段ボールのことを忘れなかった。疲労困憊《こんぱい》して寝足りなくても、必ず段ボールのために起き出した。俺は一個の、段ボール上げ下げ機械と化していた。もはや、短日処理というより、段ボール処理といった方がふさわしいほど、俺は毎日欠かさず段ボールの前まで足を運んだ。

根気のない俺がなぜこれほどまでにひとつのことを継続させていられるのかと、不思議に思ったものだ。それこそ、半永久的にやってしまうおそれさえあった。

自分でも笑ったのは、無意識に段ボール処理をしていたことである。俺はある日あわてて起き出した。うかうかと午後二時頃まで寝過ごしたからだった。だが、なんと驚くべきことに、すでに段ボールは取り去られていた。どうやら、夢遊病者のように俺はふらふらと起き、シャコバを日に当てていたのだった。

シャコバはかなり経《た》ってから反応を始めた。蕾が赤らみ、ぐんぐんとせり出してきたのだ。俺は褒美《ほうび》を与えられた子供のように真剣になり、ますます段ボール移動に集中した。

そして、今月の十四日。ついにシャコバは最初の花を咲かせた。ふちが紅色で、まるで紙で出来た中国のおもちゃのような花びらが、風に乗る蝶《ちょう》みたいにはね上がっていたのだ。蝶の羽根の根元にはまた別の花びらが飛び出していて、活《い》き活《い》きと垂れ下がっている。人工的な処理にぴったりの人工的な花。それが俺の目の前に存在していたのだ。

だが、俺はそれで油断をするような男ではなかった。続いて開花を狙《ねら》う蕾たちのために、なおも段ボール移動に命を賭《か》けなければならなかった。俺は起きた、俺は眠った、必ず段ボールを移動させながら。次々に花は開いた。蕾はふくらんだ。葉は伸びた。

俺は自分の不注意を悔いていた。いつ短日処理を終えればいいのかを、俺は調べないまま実験に突入していたのだった。蕾ある限り段ボールを動かさなければならないとしたら、あまりに無粋だった。そこには美しい花があるのだ。その花たちに薄汚れた段ボールをかぶせ続けるのは酷だった。

だからといって、やめてしまえば他の蕾に悪かった。しかも、シャコバは敏感な植物で、環境の変化に弱い。光が当たる時間が唐突に長くなれば、花が落ちることも考えられた。それは昨年すでに思い知っていた。本当にわずか位置を変えただけで、花がいくつか落ちてしまったからだった。

俺は悩んだ。花を咲かせたのはいいが、それがすべて散るまで段ボールに支配されているわけにもいかなかった。俺はシャコバを楽しみたいのであって、箱の移動が楽しいわけではないのだ。これでは本末転倒だ。

そして、三日前。俺はついに段ボールを捨てた。二度とそいつにとらわれることのないよう、俺は段ボールをひきちぎった。シャコバはその様子を見ていた。もしかすると、ああ私のシェルターが……とつぶやいている可能性もあった。だが、もう遅い。短日処理は終わってしまったのだ。

今、シャコバの花は少し元気なく垂れている。だが、俺はやつらに向かってこう言うしかない。

お前の世話は十分にした。

あとは自分で咲いてくれ。

お前はあくまでもシャコバサボテンなのだ。

いつまでも段ボールの付属品でいてはならない、と。

つまり、俺は娘を独立させるような気分で、一人、段ボールをひきちぎっていたのである。

◆BOTANICAL LIFE◆

DO YOU BE-LIVE IN FLOWER POWER?

DO YOU BE-LIVE IN FLOWER POWER?

1996年12月

(December)

◆BOTANICAL LIFE◆

十二月の部屋

［1996・12・3］

冬の都会派

都会の園芸野郎にとっては厳しい季節の到来だ。

ベランダに出しておいた鉢のいくつかを部屋に収納しなくてはならないからだ。そもそも部屋が狭いからこそベランダを利用していたのである。そしていい気になって鉢を増やし続けてきた。

そのつけは一気にやってくる。冬はまるで借金取り立て屋のように攻めてきて、部屋中を泣き叫ぶガキどもでいっぱいにする。

昨日までベランダの隅で伸び伸びやっていたオリヅルランの双子は、窓際《まどぎわ》に取り込まれる。小さな花をつけていた宿根サルビアも、北風を避けてソファの横にへばりつく。金のなる木は馬鹿《ばか》でかい図体《ずうたい》で出窓を占拠する。とうに実をつけるの気のなくなったコーヒーの木にはカーテン越しの日を当ててやらなければならず、食卓に寄与することの多かったバジルもそろそろ潮時だ。

こうして部屋は夜逃げ寸前の状態になる。

それぞれのガキどもはそれぞれの癖を持っているから、あまりおかしな置き方も出来ない。風通しを好むやつに、じめじめが好きなやつ。黙って冬の空気にあたってくれればいいのだが、やつらときたらそうもいかない。いかにも、もう明日死んでしまいますとばかりに葉を黄色くさせ、また茎をもたげて救助を要請しやがる。

なぜこんなに鉢を増やしてしまったのか。

都会の園芸野郎はここで頭を抱える。なぜなら、これから始まる冬をいつにもまして狭い空間の中で過ごさなければならないからだ。ガキどもを養うために自分自身の生活を犠牲にし、ＣＤやら本やらを整理して捨てる。テーブルと椅子《いす》の距離をこまめに小さくし、その分鉢がひとつでも余計に置けるよう工夫をする。

ヒーターの近くにガキどもを置くことは厳禁だ。すぐに乾いて茶色になってしまうし、しじゅう葉水を与えていなければならなくなる。

こんな状況で冬を越せるなんて、まったく奇跡に近い。

しかし、都会の園芸野郎はそれをやりおおせてみせるのだ。

まるで、空を切り裂く寒気に耐えて春に芽を出す球根のように、都会の園芸野郎はじっと息をひそめて生活を続ける。

春が来たら見てろよ、畜生め。鉢を全部ベランダに出してやるからな。そうつぶやきながら、彼らは鉢に囲まれたベッドで眠る。もちろん、ヒーターは控えめにしてあるから、体はガタガタ震えている。

そして、反動は春から夏にやってくる。

思わずたくさんの鉢を購入してしまうのだ。

こんな風に、都会の園芸野郎は悪循環を生きている。

それが都会で生きることのそもそもの条件だから仕方がない。

水草　水草が欲しかっただけだ

［1996・12・4］

最初は水草が欲しかっただけだ。

本当は蓮《はす》の花がよかったのだが、ベランダにでかい甕《かめ》を置くのが大変で我慢をしたのである。それで水草にしたのだ。

当初はフィリピンで買ってきたガラスのロウソク入れに浮かべておいた。本来、真《しん》鍮《ちゆう》の棒を曲げて作った簡素な台の上に透明な半球状の容器を乗せて水を注ぎ、そこにロウソクを浮かべておく仕掛けだったのである。

そういうロマンチックな物を見ても、俺は「あ、これがあれば水草を育てられる！」と考えてしまうような植物主義的な男だ。

というわけで、入れ物が決まったから、俺はさっそく水草を買ってきて浮かべておいたのである。

ところが、容器は小さすぎた。水レタスに似た水草は、次第にその根を茶色く変色させ始めたのだ。

こいつはやばいと思った。

俺は閉所恐怖症である。だから、水草（水草、水草と言っているが、俺だって種類くらいは名指したい。だが、花屋のおねえさんに聞いても、ただ笑って水草は水草ですとしか答えなかったのだ）の気持ちはよくわかった。足を伸ばしたいけれど、前の席にぶつかってしまうといった飛行機のエコノミー状態だ。それが長く続くとなれば、旅はあまりにもつらい。

そこへきて、俺はかわいい金魚鉢を見つけてしまった。別に珍しいものではない。駅前の金魚屋に売っていた昔ながらの鉢である。上の方が、しぼりかけた巾着《きんちゃく》みたいにドレープになったやつだ。

俺は我慢が出来なかった。すぐに財布を出していた。出したはいいが、ついでに金魚を二匹買ってしまっていた。ほとんど無意識に近い行動だった。しかも、よせばいいのに、金魚用のあの長い水草まで買っていた。

だが、二週間ほどすると、みるみるうちに金魚が巨大化した。金魚鉢はすぐに狭くなった。二匹は度々、車が後退するように動き、それから体をひるがえさなければ移動出来なくなったのである。

こいつはやばいと思った。

俺は閉所恐怖症である。だから、金魚の気持ちはよくわかった。いわば、エレベーターに閉じ込められた時の心境である。俺は香港《ホンコン》と中国の国境でエレベーターに閉じ込められた経験があるから、金魚のパニックぶりがわが身のことのように思えた。洒落《しやれ》たセンスのいっさいない四角い金魚鉢を買うはめになった。

当然、水草も移動した。

それが今年の夏の終わりである。

今、俺は毎日金魚にエサをやっている。やつらは俺が近づくとパクパク口を開けて寄ってくる。仕方なしに、必ず分量を確かめて丁寧にエサを落としてやる。最近、より白い方がより赤い方を追い回すので、エサの位置にも気を遣わなければならない。より白い方を引きつけておいてから、より赤い方の上に別なエサを与えるのである。

とりあえず、より白い方を菜箸《さいばし》で追い回して、上には上がいるということを教えてもみた。無駄であった。そんな大きな社会のことなど、金魚には関係がなかったのだ。それで、やつはいつものようにより赤い方を追い回す。ストレスを感じながら、俺はともかくエサの位置を日々変え、最も平和な状態をつかもうとしている。

十日にいっぺんは金魚鉢の掃除もしなければならない。

もちろん、水草は元気だ。ああ、ええと、今言ったのは、もともとの水草のことである。水レタスみたいな水草のことだ。おかげでやつは元気に茎を伸ばし、次から次へと小さな水草に分裂して増殖している。

あんまりにも増殖しすぎて、非常にエサがやりにくい。これ以上増えてもらうと金魚に迷惑がかかるので心労がたえないくらいである。

困ったことになった。

最初は水草が欲しかっただけなのだ。

球根たち

［1996・12・24］

雛鳥《ひなどり》の誕生

とんでもない時に風邪をひいてしまった。

おかげで、せっかく楽しみにしていた歌舞伎《かぶき》『妹背《いもせ》山婦女庭訓《やまおんなていきん》』の第二部を見に行く元気もなくなり、ベッドの中で一日を過ごすことになってしまった。

先月の第一部はよかった。何がよかったって、鴈治郎《がんじろう》の定高《さだか》が抜群だった。女の気丈さが前面に出て、おかげで幸四郎の大判事清澄が完全にかすんでいた。清澄が情けない父親に見えたくらいで、あれは幸四郎の負けだろう。

まあ、それはいい。ゆうべ、盟友みうらじゅんとの大イベント『ザ・スライド・ショー』の打ち上げで、遅くまで酒を飲んでいた俺が悪いんだ。まあ、第二部には定高は出ないんだし……。猛烈に見たかったのだが、仕方がない。

こうして、俺は一年間の疲れが出てしまった体を引きずり、ベランダを見ることになる。いくら調子が悪くても、それだけは欠かすことが出来ないのだ。

小さな鉢のコーナーでは、植えた球根どもが芽を出し始めている。

確か植えたのはサフラン、クリサンサという種類のチューリップ、それから寒咲きクロッカスの面々だ。

三つの鉢に分けられたその面々のうち、芽を出しているのは二種類。どちらも白っぽい芽の先を緑に染め、すくすく育つ未来を楽しみにしているみたいに見える。

だが、だが、である。

俺はどれがサフランで、どれがクリサンサかわからなくなっていたのである。

よく鉢に名札をつけるやつらがいるが、俺はそういう輩《やから》を頭から軽蔑《けいべつ》していた。なにしろ俺は以前会社勤めをしたことがあり、新入社員時代に名札を付けられていたからだ。

あれは屈辱だった。俺は売りに出た骨董品《こっとうひん》でもないし、幼稚園のガキでもない。なんでわざわざ誰々でございますと、それも不特定多数の人間に名乗って歩く必要があるのか。俺は市議会選挙に立候補してるわけじゃねえんだぞ。しかも、初めて作ってもらった名刺にはこんな文句さえ刷ってあった。

「新入社員でございます」

そんなセリフくらい、俺だって自分で言える。なぜ名刺で伝言しなければならないのかが、俺にはまるで理解出来なかったものだ。

そんな理不尽な社会のシステムが頭にくるからこそ、俺は鉢に名札なんか立てない。やつらにしてみれば、自分がサフランであり、寒咲きクロッカスであることなど一目《いちもく》瞭然《りょうぜん》だ。まさかイモ虫と間違える馬鹿《ばか》はいないだろうし、サボテンとは一線を画す存在であることも当然なのである。ご丁寧に名乗る必要など、これっぽっちもない。

しかし、やつらにしてみれば一目瞭然でも、俺にはちんぷんかんぷんなのだ。

冬のベランダにおける新入社員はそれでも元気いっぱいである。名前がわからない以上、部署もわからない。給与体系から保養施設の利用状況も不明である。

とにかく、似たような体で元気いっぱい伸びつつあることだけが明確だ。

俺が社長なら、副社長を呼びだすところだろう。

「君、近頃我が社に元気な新人がおるね」

「はあ、いますな」

「で、別に忘れてしまったわけではないんだがね、その、彼らは一体誰なんだろう?」

誰なんだろうでは社長の面目が丸潰《まるつぶ》れである。しかし、副社長だって誰なんだかわかってはいない。だから、ひとまずごまかそうとするに違いない。

「……サフラン君やクリサンサ君、ええと寒咲きクロッカスさんの……」

「そう、そのうちの二人のことだよ。そんなことはわかっとるんだ」

「ええ」

「ええじゃなくてだね、そのうちの誰が欠勤しておって、誰が元気いっぱい働いておるのかということじゃないか、その……ええと、わしの質問はさ」

こうして社のシステムはもろくも崩れ去る。誰だかわからない社員がむやみに元気なくらいなら、誰だかよくわかるやつがしおれていたり枯れていたりする方がましなのだ。

結局、俺はすべてを風邪のせいにした。

風邪だから頭がぼんやりしていて、ものの分別が失われているだけだ、と。

そこでひとまず、俺は気丈な二人を左から定高、雛鳥と名付けたのである。雛鳥は定高の娘で、『妹背山』における悲劇のヒロインだ。恋のために死んでいく雛鳥の気丈さは、あの狂言の中心点だと言ってもいい。

まだ芽も出さない弱気な鉢は、もちろん大判事清澄（幸四郎）である。（幸四郎）と付けておいたのは、相手の真の名がわからない不安のせいだ。他人の実名を入れておくことで、俺は自分のふがいなさをごまかしたかったのだ。そういう意味では、俺が一番「大判事清澄（幸四郎）」なのだが、そんな真実などおかまいなしだ。急いで名付けをしなければ、我がベランダ株式会社が倒れてしまうからである。

さて、現在我が社には元気な新人がいる。

定高さんと雛鳥さんの二人である。

彼女たちがどんな花を咲かせてくれるのかは、春にならないとわからない。

欠勤続きで心配されているのが、大判事清澄（幸四郎）君だ。名前負けしているのか、いっこうに芽を出さないインテリであるが社としては暖かく見守る所存である。

我が社にはもはやサフランだのクリサンサという種類のチューリップだの、あるいは寒咲きクロッカスなどいない。金輪際、そのような社員を採用することもない。いるのはあくまでも定高さんと雛鳥さん、そして大判事清澄（幸四郎）君だけなのだ。したがって、もしあなたが今俺のベランダを訪れた場合、以下のような質問は固く禁じられている。

「で、どれがクリサンサですか？」

なお、鉢を左右に移動することも厳禁である。

気をつけていただきたい。

アマリリス　最優秀鉢植賞受賞

[1996・12・28]

なんといっても、今年度最優秀鉢植賞はアマリリスに進呈すべきだろう。やつは十二月に我が家のテーブルの上にやってきて、いきなり大輪の花を咲かせ始め、長いこと俺の目を楽しませ続けてくれたのだ。

三つの球根から伸びた幾本もの太い茎はどれもみずみずしく、また力強く、はたまた繊細なる空洞に満ちて優雅である。薄緑に染まったその茎はみるみる丈を伸ばし、やがて先端に赤ん坊の合掌くらいの蕾《つぼみ》をつけ始める。蕾は涙が出そうなくらい若々しく、つややかに宙をにらみつけている。そして、みるみる赤紫に染まるとやがてその固いほころびを解く。

驚くべきことに、すでにその蕾の内側にはさらに三つ、四つの蕾が息づいている。ついこの間までは茎と同じくらいの太さしかなかった蕾の中に、大柄な蕾が潜んでいたわけである。どんな魔術を使うのかは知らない。知らないが、それは神秘などという薄汚れた言葉など毛頭浮かばないくらいの不可思議に満ちている。生命に満ちている。強く速くアマリリスは変化をとげ、ありもしないはずだった華やかさを部屋に与えてしまう。恥ずかしいことながら、俺はアマリリスがこれほど派手な植物だとは知らなかった。

蕾が開いた途端、そこに小さな雪平鍋《ゆきひらなべ》の底くらいある花が現れる。つややかで、触れるとねっとりとした脂《あぶら》がつくんじゃないかと思われる花弁は濃厚である。それほど濃厚で大きな花が、なぜあんな空洞から出現したのかと目を疑い、現実を疑うほどだ。

三つの球根はそれぞれ種類の違うアマリリスである。乳白色に赤い液体をふりかけたようなものや、赤い粉を吹きつけたような花びらのもの。あるいは、濃いピンクに染まったもの。それらの花が次々に咲いては、自分の重みで茎を危うげに傾けていく。

これこそ俺の好きなタイプ、好きな花だ。

アマリリスはついに芍薬《しゃくやく》を抜いてトップに躍り出たといってもいい。

ささやかな花はつまらない。

かといって、花ばかりが色づいて美しく弱々しいものも何かが足りない。

葉や茎が荒々しいくらいに強く、そして花が咲けばその力強い葉や茎を圧倒してしまうようなもの。美しさを支える生命が強靭《きょうじん》で、やがて美しさと強靭さが自らのうちで覇を争うような植物。あまりにも花が派手で大きく、しかも咲いたことが信じられないような速度で育つ草花。非現実的なその速度の中で、存在自体が疑い得ない現実性を主張してしまう花。

それが俺を魅了する植物、何よりも好きな花なのだ。

アマリリスは最高だ。

こいつとなら結婚してもいい。

しかし、リングを茎にはめてやるとすれば、かなり痛い出費になる。

◆BOTANICAL LIFE◆

DO YOU BE-LIVE IN FLOWER POWER?

1997年1月

(January)

DO YOU BE-LIVE IN FLOWER POWER?

◆BOTANICAL LIFE◆

胡蝶蘭《こちょうらん》 ［1997・1・27］ 第二の人生

今、俺の部屋は花盛りだ。

アマリリスは最後の株から四つの花を咲かせ、オブコニカも咲き続けている。以前枯らしてしまい、買い直した小さなボケも窓際《まどぎわ》に赤いポイントを作っているし、あの雛鳥《ひなどり》も白と紫のかわいらしい花を咲かせ、実際は寒咲きクロッカスだったことを証明した。

その花盛りの中でひときわ光るのが胡蝶蘭である。

俺のもとにやつが来たのは、確か一昨年のことだったと思う。すでに盛りの時期が過ぎ、わずか三つの白い花を咲かせるだけだった胡蝶蘭は、たったの八百円というすさまじい値崩れを起こしていた。本人もさぞ悔しかっただろうと思う。若い頃にはひとケタ違いで売られていてもおかしくないからである。

だが、もしも高ければ俺は興味を示していなかっただろう。蘭には特に思い入れがなかった俺は、ただただ八百円という値段にのみ心を動かされたのである。

ところが、やつは頑張った。残る三つの花は一、二カ月の間あの不思議な生物のような形を保ち続けたのだ。だから、俺はやつが花を落としてすぐ、乾燥水苔《みずごけ》を買ってきて植え替えを行い、それまでの苦労を慰めてやったのである。

花屋において、胡蝶蘭はエリート官僚のようなものだ。必ずどこの地方にもひそんでいて、他の花を後ろからひっそりと、しかし睥睨《へいげい》するように存在している。とりあえず信頼も篤《あつ》いが、あまりにも見慣れているために軽蔑《けいべつ》もされやすい。

そんな東大卒の花が、俺の部屋に来るほどにおちぶれたのである。天下り先の花屋にも見くびられ、八百円などという厳しい評価に甘んじたあげく、あまったニンニクやクレッソンまで植えてしまうような豪快一本やりの地方へと招かれた。

しかし、やつは底力を見せた。新しい水苔で環境をすっかり変えた元高級官僚は、本来持っていた植物のパワーを取り戻し、なんと三カ月もしないうちにまた茎を伸ばして、そこに六つほど花をつけたのだ。いわば、たった一人で開催した花博である。

俺はその寂しいけれど力強くもあるイベントに毎日拍手を贈った。官営イベントとして開店祝いだの完治祝いだのを主催し、誇らしげに咲く花である胡蝶蘭が、なんとおちぶれた先で野性味あふれる博覧会を行ったのだ。これは感動する以外あるまい。

そして、さらに半年後の今年一月。やつはなんと、同時に二本の茎を伸ばし始めたのだった。その矢継ぎ早な成長もすごいが、一度に二本という生命力がまたすごい。第一回花博の成功に気をよくした元エリート官僚（現民間人）は、通常のイベントの常識を破って、すぐさま第二回を敢行せんとしたのである。

どこか鹿《しか》の足先にも似た茎がまず出てくる。先端の爪《つめ》が割れ、それがわずかにふくらんで花の用意をする間に、一方の茎はどんどん伸びる。そしてまた滑らかな緑の爪を割り、そこにも花を用意する。その過程をつぶさに見ていると、胡蝶蘭はどこか動物くさい。子宮の中で成長する胎児を思わせるような分裂があり、同じような形のなまめかしさを持っているのである。

艶《つや》やかな蕾《つぼみ》は最初、クリトリスに似ている。濃い緑色に染まったその固い蕾が、次第にふくらんで色を薄くしていく。豆菓子ほどの大きさから、ふっくらした梅干しくらいに膨張すると、やがてぽっかりと花を開く。これは本当に聞こえる音だ。花に目をやる度、ぽっかりという音が俺の耳に響くのである。

最も下の花弁の先は龍の髭《ひげ》のようにくるりと巻き上がっている。そのクリーム色の髭の奥に、濃い赤と黄色の点が描かれている。いつ羽根を生やし、その口で蠅《はえ》や蚊を食いながら飛び回るのだろうと思わせる。不気味でしかも清廉《せいれん》な花である。

今、第二回花博は始まったばかりだ。ちょうど二つ花が咲いている。初めに伸びた茎の根元から咲き始めた胡蝶蘭は、おそらく二週間もすればもう一方の茎にも花をつけるだろう。花博はクライマックスを迎え、二カ月ほど国民を楽しませるに違いない。

窓際に置かれた丸テーブルの上。俺の部屋で一番待遇のいい場所に、その元高級官僚は立っている。あり得ないような周期で次々にイベントを行い、年老いるごとに美しく強くなっていくそいつは、おそらくこの上もなく幸福な人生を送っている。病院だの楽屋だのを訪れ、しかしそのまま枯れてゆく元同僚と我が身を引き比べ、自らの生の充実に涙を流している。

その涙がつまり、白い花なのだ。

そして、生の充実が茎である。

俺はやつの肩を叩《たた》くようにして、丁寧に水をやり続ける。

ヒヤシンス　生命解凍

［1997・1・29］

今年もヒヤシンスがその仕事を終えた。

もともとは、去年の秋、なじみの花屋さんがくれたのである。何かを買ったついでのことだったと思う。

すでにプラスチックの透明な鉢に設置された球根。なんだか『科学と学習』の付録をもらったような気がしたものだ。

その『科学と学習』感は、取り扱い説明書を読むことでさらに強まった。そこにはこんなことが書いてあったからである。

「正月頃に咲かせるためには九月中旬までに冷蔵庫に入れ、十一月下旬に取り出して暖かな場所に置きます」

プラスチックにかちりとはめられた球根は、なんと冷蔵可能なのだった。それでも死なないどころか、開花時期をコントロール出来るというのだ。

俺はこういうものに弱い。

どういうものかというと、他に例はひとつしかないのだが、つまりシーモンキーである。いい年になってからも、俺はシーモンキーを何度か飼育し、失敗してきた。一昨年から昨年にかけてのことだったと記憶する。すぐに死滅してしまうシーモンキーにこちらは幻滅し、近頃のシーモンキーは弱いなどと憤慨した。

話はそれるが、俺はついさっきまで、用もないのにしりあがり寿《ことぶき》さんの事務所にいた。その前の仕事が一緒だったからである。テレビの横に怪しげなプラスチックの水槽があった。俺はつかつかと近寄って中を覗《のぞ》き見た。思った通り、シーモンキーだった。

「あ、元気ですね、ここのシーモンキー」

あたかもシーモンキー飼育が当然のことのように俺は言った。かなり変わった反応だと思う。だが、しりあがりさんの反応はもっと変わっていた。

「え、生きてますか？　……なんにも世話してないんですけどねえ」

「エサも？」

「ええ、なくなっちゃったから」

俺は笑った。そんないい加減な飼い方は聞いたことがなかったのだ。なんだかインテリアみたいなものとして、しりあがりさんはシーモンキーを飼っているらしい。しかも、近頃ではなんの世話もしていないのである。だが、やつらはしっかり生きて、ぐんぐん育ってしまっているのだった。実にうらやましい。うらやましい限りのシーモンキー飼育生活である。

話を戻そう。そんなシーモンキーたちとヒヤシンスの何が似てるといえば、すなわち「凍りついた生命とその解凍」の一点に尽きる。シーモンキーの卵は乾燥に耐えて生き続ける。そして、ある種の水の中で突如エビとして復活する。その不思議さが子供の頃から俺の魂を惹《ひ》きつけ続けてきたのだ。

ヒヤシンスにも、俺は同じ興味を感じる。冷蔵庫に入れてしまってもいい球根は、そのまま乾燥しきった卵だ。そして、冷蔵庫から太陽の光の下へと移されて茎を伸ばし、花を咲かせるヒヤシンスは、一瞬で孵化《ふか》を終えて泳ぎ出すシーモンキーである。

結局俺は、「生命の開花」に弱いのだと思う。もっとくわしく言えば、「生命の開花が唐突に行なわれる神秘」だ。時期さえ来れば、やつらは生命を開く。逆に言えば、その時期までやつらは死んだように眠っているということになる。

俺はつまり、植物すべてに弱いのだ。死んだものが生き返り、信じられない速度で育っていくこと。それは俺の中の根源的な何かをくすぐってやまない。だから、ベランダで毎日俺は、ガキみたいに目をまんまるにして、その不思議を見つめているのである。

ヒヤシンスという植物は、最もわかりやすくその不思議を示してくれる。言ってみれば、俺にとっての植物の魅力を模型化したような植物だ。

その模型としてのヒヤシンスが花を枯らした。去年はもう少し長く咲いていたような気がする。ひょっとしたら、冷蔵庫から出す時期をすっかり忘れていたからかもしれない。俺は今年になってようやく思い出し、キンキンに冷えた球根をあわてて日に当てたのである。

だが、ともかくやつは育ち、プラスチックのような質感の白い花を咲かせた。去年株分けしておいた小さなやつらも、別の鉢からかわいい葉を出し始めている。

俺はまた今年も冷蔵庫にヒヤシンスをぶち込むだろう。植物の魅力に心を震わせるために、いったんやつを忘れ去り、死んだように眠らせるのだ。

凍りついた生命とその解凍。

なんてことだ、まったく。

植物は死なない。俺たち動物は、だからやつらに憧《あこが》れ続ける。

◆BOTANICAL LIFE◆

DO YOU BE-LIVE IN FLOWER POWER?

1997年2月

(February)

DO YOU BE-LIVE IN FLOWER POWER?

◆BOTANICAL LIFE◆

水草　そのおそるべき戦略

［1997・2・4］

その後、水草は増えに増えた。金魚鉢の水面をただようやつは激しく分裂を続けたし、水中に潜む長細いやつも（こいつの名はアナカリスと判明した）あちこちに枝を伸ばしたのである。

二匹の金魚には移動可能なエリアがほとんどなくなった。エサを撒《ま》いてやると、必死に体を揺らし、なんとかアナカリスの包囲を解こうとするのだが、水中の鉄条網は厳しく彼らを責め立てる。やっとの思いで上がってきても、そこには機雷のごとき水草がびっしりと構えていて、容易にはエサを渡してくれない。

そして、ついに金魚は瘦《や》せ始めた。

これではいかんと思った。飼い出した当初は、心のどこかに死んでくれさえしたら……という思いがあった。だが、すでに数カ月を共に暮らした小動物である。何かしらの愛情がわいてしまっていた。金魚どもの生存権にかんがみ、俺はとうとう断腸の思いで水草を整理することに決めた。

　金魚鉢から洗面器に移した水草は、まさにどっさりあった。重量を感じるくらいに、やつらは増殖していた。さて、どいつを捨てようか。俺は洗面器に手を突っ込んで、何度も吟味した。こいつは黒ずんじまってるし、こいつは元気がないなどと仕分けしていくのだが、困ったことに黒ずんだり元気をなくしたりしている水草の野郎は、必ず新しい葉や枝を伸ばし、その新部門の方で若々しく頑張っている。

　したがって、いくら吟味しても、水草はいっこうに減っていかなかった。俺は洗面器の前でむなしく水草を触り続けるのみで、かえって愛情を濃くしてしまったのである。せっかく育ったものを一本たりとも捨てることは出来ない。俺はヒロイックにそうつぶやいたが、要するに手切れの悪い浮気性みたいなものであった。

　俺は途方に暮れた。

　途方も暮れたが、日も暮れた。部屋の明かりをつけることも忘れた俺は、まるで病人のように洗面器の前に座り込み、暗がりの中で水に手を入れては出すという魔物のような行為を繰り返し続けていた。

　さすがにそのままでいるわけにはいかなかった。通常の人間の生活を失うおそれがあった。よし、と立ち上がった俺は、以前金魚を入れておいた金魚鉢を出すことにした。物をごちゃごちゃ増やしたくないと願う俺なのだが、水草のためなら仕方がなかった。水をいっぱいに張り、そこに水草を分けることにしたのである。

やってみると、これが思いの外きれいだった。昔の型の金魚鉢にそよぎ、また浮かぶ二種類の水草は実に美しい。

ようやく明かりをつけて、俺はその水草専用鉢に見入った。見入ったのはいいが、何かが足りないとも思っていた。

俺はダウンを着込み、自転車に乗って駅前に向かった。

そして、メダカを五匹買っていたのである。

もう駄目だ。

水草は必ず増える。増えれば捨てにくい。

となれば、分けることになるだろう。

分けたら、魚を買わずにはいられない。

なぜだ。なぜ植物主義者の俺がまたも魚風情《ふぜい》の世話をしなければならなくなったのだ。

俺ははめられた。水草にまんまとはめられた。

水草はおそろしい戦略で俺を魚人間にしようとしている。

アラビカ種コーヒー

[1997・2・24]

静かな古株

コーヒーの木がある。

すでに二年半は育てているから、比喩《ひゆ》としても植物的にも古株である。

確かこいつは花屋でわざわざ注文し、取り寄せてもらった。アラビカ種と書いてあった。出来ればブラジルがよかったのだが、贅沢《ぜいたく》は言えなかった。

俺は自分でコーヒーの実を摘み取りたかったのである。でもって、それを乾かしたり挽《ひ》いたりなんだりして、最終的には飲みたかったのだ。

昔はコーヒーが飲めなかった。あの強烈な匂《にお》いをかぐだけで酔ってしまう体質だったものである。

ところが、大学何年かの時、早稲田《わせだ》銅羅魔館《ドラマかん》というおどろおどろしい名前の劇団に誘われた。別に演劇がやりたかったわけではないが、主宰者がしつこく言うから入ってやった。俺より一回りも二回りも上の面白い人である。

その人は山口昌男グループに属していて、つまりは民俗学や文化人類学に通じていた。要するに俺は学問的な興味があったのである。おかげで、俺は東北まで山伏神楽《やまぶしかぐら》を見にいったり、各大学の人類学系教授に俺のピン芸のネタを見せたりして楽しくやっていたものだ。ネタ的にはそういった人向けのものが多かったのである。

その劇団が持っていた劇場は、早稲田小劇場の跡地にあった。主宰者はコーヒー屋を経営していた。したがって、劇場に行くには強いコーヒーの匂いの中を通らざるを得ない。最初は行く度酔っていた。だが、よくしたもので次第に慣れてしまい、むしろその匂いが好きになった。

ちなみに、その劇場で俺がきちんと舞台に立ったのは一度きりである。郡司正勝大先生が脚本・演出をした小歌舞伎《かぶき》の黒衣《くろこ》をやったのだ。

黒衣といえば、なんだか寂しい気がするだろうが、同じく黒衣をやっていたのはのちにニュー歌舞伎で名をはせることになる加納幸和や篠井《ささい》英介という面々だった。豪華な黒衣陣だったことになる。なんで俺が混じっていたかはいまだに謎《なぞ》だ。

それはともかく、俺はコーヒーが好きになり、うまそうなコーヒー屋があるとつい入ってしまうまでになった。そして、ついに自分で育ててやろうと思いたったのである。

ところが、コーヒーの木はいつまでたってもうんともすんともいわない。しきりに艶《つや》のある緑の葉を茂らせ、茂らせたままで伸びるのみである。花もつけなきゃ、当然実もならない。

あまり強い日を当ててはいけないと説明書に書いてあったので、きちんとそれなりの場所を用意してやったし、こまめに肥料もやっている。それでも、野郎は艶々した葉をしきりと茂らせるばかりだ。観葉植物として改良されたふぬけなのではないかという疑惑も持ち上がったが、俺はそんな噂《うわさ》を信じないようにし、必死に世話を続けた。だが、いっこうに花は咲かない。

俺は収穫がしたいのである。

たとえどれほど少ない実りであれ、俺はコーヒーの実を摘んでみたいし、そいつを乾かしたり挽いたりしてみたいのだ。

かつて収穫の喜びを教えてくれたブルーベリーもブドウも、どうやら死んでしまっている。唯一《ゆいいつ》残っている素敵な収穫物はコーヒーだけといってよい。

仕方なくニンニクを植えたりしているのは、コーヒー栽培に成功しないことへの代償行為に過ぎないのだ。

誰でもいい。

一刻も早く、コーヒーに実をならせる方法を教えてくれないだろうか。そうでないと、じき俺はニンニクを収穫してしまうのである。あるいは、モヤシとかを育てかねないのだ。

それだけはやりたくない。俺は家庭菜園などというホンワカしたものを求めているわけではないのだ。あくまでも、ベランダの芸術家たるべく存在したいのである。

そんな俺がトマトやキュウリを育てる身の上になるのか、年に一杯のみのゴージャスなコーヒーを飲むことになるのかはあなたにかかっている。

どうか助けていただきたい。

◆BOTANICAL LIFE◆

DO YOU BE-LIVE IN FLOWER POWER?

1997年3月

(March)

DO YOU BE-LIVE IN FLOWER POWER?

◆BOTANICAL LIFE◆

ベランダ　消え去るもの

［1997・3・24］

　忙しくしていた三月のある日、たった一日だけだがベランダに精力を注ぐ時間が取れた。これまで、必死に水をやったり、肥料を加えたりしていただけだったので、この時間はなんともうれしいものだった。

　気にはなっているのだが、世話の出来ないつらさ。これは子沢山の貧乏人が身にしみて知っているものである。そして、短い時間ではあれ、愛する者の身なりを整えてやるうれしさ。それは忙しい父親が授業参観に間に合ったのと同じくらい価値がある。

　俺はまず、以前から考えていた土の総入れ替えに着手した。なにしろ、多くの鉢が栄養枯れの状態にあり、いつ飢え死んでもおかしくない状況にあったからである。

　プラスチックのたらいをベランダに運び出し、そこに黒土だの苦土石灰だの鶏糞《けいふん》だの腐葉土だのを混ぜ入れていく。植物図鑑的には当然草木の種類によって土のあれこれや石灰の配分などがあるのだが、俺のベランダにおけるルールではどの鉢も一緒である。しかも、苦土石灰を混ぜたら普通、その土を風にさらしたりするはずなのだが、我が家にその余裕はない。出来たら即使用。つまり、風呂《ふろ》から出た途端に就寝を要求される子供みたいなものだ。それで風邪をひくようなガキなら要らん。

おおかた混ぜ終えると、俺は飢餓状態の鉢をたらいのそばに整列させた。とりあえず、ムクゲの植え替えから始める。鉢から土をかき出してムクゲを取り出し、その土を右手でよく混ぜる。左手はムクゲをつかんだままだ。まるで、戦後間もなく米兵からDDTをかけられる子供のようにして、ムクゲは宙に浮いている。

続いて、混ぜ終えた土を元の鉢に戻す。もちろん、その中にムクゲの根を丁寧に据えてやる。この間、ほぼ五分。ベルトコンベアー方式というか、まあドライブスルー植え替えみたいな早さである。

次に藤《ふじ》、あるいはジャイアントローズ。そしてこの三年というもの、ちっとも育たないミニバラ、はたまた勢いだけはいいラベンダー。

こうして、次から次へと土をかき出しては混ぜていくうち、全体の色がわけのわからないものになる。後に回されれば回されるほど、与えられる新しい土の正体が不明になっていくのだ。しかし、文句など聞いている暇はない。俺はせっせと土を入れ替え続けた。

ところが、である。そうやって、各鉢から植物を出していくと、明らかに死んでいる根に出会うことになる。例えば、去年ベランダにデビューした葉牡丹《はぼたん》だ。なんだか茎が茶色くなっているのは心配していたのだが、いざ植え替えを始めると根が乾いており、もはや残骸《ざんがい》のようになっている。

もしくは、ボケ。うんともすんとも言わないので、うすうすは気づいていたのだが、どうも根の調子が悪い。漢方薬みたいな縮れ方をしているし、全体として軽すぎるのだ。

総体的に、植物の生死は重さでわかる。なんとなくまだいけるのではないかと思われても、鉢から出して持ってみると肩すかしを食わせるような感覚でフワリとする。その肩すかしを感じる度、俺の肩ががっくりと落ちることになる。死んでいることを認めざるを得ないからだ。このあたりの事情は動物とは正反対である。やつらの死は、あのぐったりとした重みで伝わってくるからだ。

ひどいのになると、フワリどころか消えてしまう。例えば、今年三年目に入ったリンドウだ。こいつは去年の暮れから紫色の花さえ咲かせていたのだが、さて土の入れ替えだと思って鉢をひっくり返してみると、跡形もない。まさかと驚いてたらいに手を突っ込み、流れ落ちた土をひっかき回すのだが、死んだ根の塊さえないのだ。狐《きつね》につまれるとは、こういう感じなのに違いない。

だって、こないだまで元気だったじゃないか！　そう叫んでも無駄である。茎や根はまるでテレポーテーションをしたかのように消滅している。土に帰るとは言うが、まったくお早いお帰りだ。もう少し腰を落ち着けていてくれてもよさそうなものである。

昔、同じ感覚を黒ユリの球根で経験したことがあった。三つの鉢に分けて植えた二種類のユリのうち、黒ユリの鉢だけが音沙汰《おとさた》なく静かなのだった。まあ、いつか芽を出すだろうとたかをくくっているうち、長い時間が経《た》った。他のユリなどすでに花を終え、茎を変色させている。疑問に感じて鉢をひっくり返してみた。何もなかった。球根が腐った跡さえなく、黒ユリは消え去ったのである。あの不条理感はいまだに忘れない。

同じことがリンドウでも起こったのである。それは消えた。なんの形も匂《にお》いも残さず、なんというか葬式も何も私一人ですませましたみたいな潔《いさぎよ》さで消えたのだ。寅《とら》さんが映画の最後に団子屋から消えていくような感じである。

このようにして、我がベランダからは幾つかの植物が消えていった。そして、多くの植物たちが新しい土を強引に与えられ、新たな春に向けて試練を乗り越えようとしている。

だが、俺にはまだかすかな未練がある。あのリンドウや黒ユリがどこかからひょっこり戻ってくるのではないか、とありもしないことを考えてしまうのだ。

ベランダに置かれたたらいにはどっさりと土が盛ってある。風にさらし、陽光を浴びさせるためではない。戻ってきたやつらにもまた土が必要だからなのだ。

金魚　白一号の死

［1997・3・25］

白一号（より白い方の金魚）が金魚鉢の底にごろりと腹をつけていた。

俺が仕事で九州から帰ってきたその昼間のことである。

家を空けたのは俺の三十六回目の誕生日の日であった。
四、五日前から水は汚れていた。藻で緑に染まり、金魚が見にくい状態だったのである。
だから、俺は帰ってくる日に替えてやろうと思っていた。

だが、その前にやつは死んでいたのである。

白一号はしょっちゅう赤一号（より赤い方の金魚）をいじめていた。だから、死ぬにしても赤一号だろうと思っていた。しかも、衰弱の気配はみじんもなかった。それが俺の誕生日に死にやがったのである。

一体どういうことなのか。

まるで信じられぬまま、俺は白一号を網ですくい、すでに二匹のメダカが埋められたベランダの大鉢の中に横たえた。水を入れ替え、赤一号を見た。いじめっ子がいなくなって安心したのか、それとも病が進行しているのか、生き残った赤一号はじっと動かずにいる。

どうも弱った。

寂しい気がして、長いこと金魚鉢を見ていた。別に愛してもいなかったし、それどころかいじめっ子だったがゆえに俺に憎まれてもいた金魚である。それがいないことがなぜこう空虚な感じを引き寄せるのかがわからなかった。

絵的なバランスかもしれない、と俺は思ってみた。

何度も思ってみるうち、やもたてもたまらなくなって俺は金魚屋まで出向いていた。

今、金魚鉢にはあのメダカどもに加えて新たに五匹の小さいメダカがいる。その横でふらふらしているのは、白い丹頂である。赤一号にくんくん匂いをかがれるようにしている。今度はこいつがいじめられそうで、俺はひどく心配だ。

丹頂がではない。いじめているやつが死ぬのは、もはや俺の知識だからだ。

◆BOTANICAL LIFE◆

DO YOU BE-LIVE IN FLOWER POWER?

DO YOU BE-LIVE IN FLOWER POWER?

1997年4月

(April)

◆BOTANICAL LIFE◆

アルストロメリア

［1997・4・17］

窓際《まどぎわ》一族の豹《ひょう》

今、俺が住んでいるマンションのリビングには出窓がある。出窓というと、金曜日の妻たち的な品のないプチブルジョアをイメージする輩《やから》も多いが、俺にとって出窓ほど素晴らしいものはない。

もちろん、鉢を置けるからだ。

真西に向いたハンディのある出窓ながら、この場所は幾多の植物を輩出してきた。真夏には相当の体力を要求されるが、それ以外の季節には光を浴びるのにうってつけのポイントなのだ。

外から曇りガラス越しに見えることもあって、俺は人の目を楽しませようといつでも大きめの鉢を置く傾向がある。

先月は紫のクレマチスを買ってきた。だが、これは失敗だった。薄い羽根を風になびかせて飛ぶ蝶《ちょう》のような花が気に入ったのだが、散り際《ぎわ》が汚いのである。

しおれてきたなと思ったら、いきなりバラバラと散る。花ばかりかメシベも何も、それこそちょっとした拍子にバラッと崩れ去ってしまうのだ。庭のある植物主義者にとってはそれも肥料のひとつとして看過出来ようが、こちとら都会のベランダーである。あちこちに散る花は掃除もやっかいで、始末に負えない。

種をつける前に次々と切ってやれば、また数カ月後に咲くという強さがクレマチスの売りだが、その長所が今から憂鬱《ゆううつ》である。もう出窓に置く気はしないし、かといってベランダで咲かれるのも困るのだ。散った花びらやメシベどもが風に乗ってお隣の領域を侵すからである。このへんがボタニカル・ライフの難しいところだ。

仕方なく二週間ほど前にアルストロメリアに浮気した。「インカのユリ」と言われる鉢花である。アジサイの変種「墨田の花火」にしようかとも迷ったのだが、結局「インカ」に軍配を上げたのだった。なにしろ俺はペルーという国が好きで、現在進行中の事件に心を痛めているのだ。いまだ解放されていない人の中には、一度かの地で会った人も混じっている。せめて「インカのユリ」にでも水をやって、祈りに代えたいと殊勝なことを考えたのである。

ケーナという種類のアルストロメリアは、花びらの数枚に豹を思わせるような柄をまとっている。柄のない花びらはピンク、柄のある花びらは黄色がかっていて、どことなく肉食獣的な野性味を帯びており、かなり長く咲く。この豹らしさがまたペルー好きにはたまらない。あの高山の都市クスコもまた、豹の体をかたどって設計されたといわれるからだ。だから、俺はアルストロメリアを眺めながら、うっとりとインカ文明に思いを寄せているのである。事件への祈りをつい忘れがちなのは、俺の移り気なところだ。

そうやってうっとり眺めていたアルストロメリアが、ゆっくりと萎《な》えしぼんだあげく、またバラバラと崩れたのにはまいった。クレマチスほどひどい崩れ方ではないにせよ、固くしこったガクを切ろうとハサミを入れると必ず散ってしまうのである。花屋のおねえさんに「これはバラバラ散らないですよね？」と確認してから買ったのだが、聞き方がまずかったらしい。放っておけば確かに崩れずに枯れていくものの、少しでも手を入れようと思ったら自ら崩れていくのだ。

やはり野生である。人間の手で自由に細工出来ると思ったら大間違いだぜという気概で、やつは長く咲いた花を一気に解散させる。出窓を花びらとメシベ関係で汚してみせ、人間に唾《つば》を吐きかけて笑いながら去っていくという感じである。インカから来た屈強で美しいインディオ男は、そのようにして脆弱《ぜいじゃく》な東京の俺に何事かを教えているのかもしれない……とでも思わなければやっていけない。

俺は少しだけ考えを改め、アルストロメリアを今、枯れるにまかせている。咲き乱れ、しぼみ枯れていく「インカのユリ」は、ベランダーの出窓の上で孤高のたくましさを保っている。

俺が勝手に咲いているのを勝手に見るがいい、そのかわり俺がやがて勝手に死んでゆくのもじっと見ていろ。やつはそう主張しながら、すっかり世話好きになってしまった俺の欲望を嘲笑《あざわら》い、なおも新しい花を用意しているのである。

レモンポトス

[special 1]

反観葉主義者の無力な戦い

世の中には観葉植物好きがいる。

彼らに言わせると、花が咲いたり実がなったりする植物がどうも気にいらないのだそうだ。

だが、俺はまったく反対である。むしろ、花が咲いてみたり、実がなってみたりしないと気にいらないのだ。おそらく、貧乏根性が原因だろう。

むろん、青々とした葉のみが茂っている姿は、見ていて気持ちがいい。様々な形の葉が密集しているのもジャングルのようで好きだ。だから、部屋及びベランダに観葉植物系の鉢がないわけではない。

例えば、レモンポトス。もともと知りあいに小さな鉢をもらったのだが、こいつがとどまることを知らぬ勢いで育ち続けている。丈わずか十センチほどしかなかった黄緑色のポトスは、たいした世話もしてないのにぐんぐんと茎を伸ばし、今では最も長い部分が二メートル以上という大変な成長率を示しているのだ。

あまりに順調な生長ぶりに脅《おび》え、この一年ほどそれほど日の当たらない場所に置いているくらいである。なんとか条件を悪くして、その不気味な勢力拡大を防ごうという作戦だ。ところが、レモンポトスの野郎はまったくめげない。むしろ、太陽のプレッシャーがないのをいいことに日夜新しい葉を広げ、茎を伸ばし、新たなる植民地を求めて行軍を続ける。

ある茎などはカーテンレールをつたってガスレンジのすぐ横にまで達しており、どう考えても葉が焼けてしまう一歩手前という状態だ。なのに、いっこうにへたばる気配がない。他の茎たちもそれぞれ活発に拡張主義をつらぬき、あたりにある物を蛇のように巻き取りながら、一大ポトス帝国を築かんとしている。

レモンポトスなどと可愛《かわい》い名前をつけてもらってはいるが、実際のところやつはおそるべき生命力をもった植物である。どうにか育たない方法を考えなければ、そのうち部屋及びベランダ中がやつの勢力下に置かれてしまうだろう。

さて、それ以外に存在する観葉植物は……と書いてから、はたと困った。これがないのである。いや、青々と葉を茂らせるのみの鉢は数々ある。だが、俺はそいつらを観葉植物とはとらえていないのだ。

世の中では、オリヅルランは観葉植物ではないかと思う。しかしながら、俺が楽しみにしているのは細く伸びる薄黄色のリーダーの先端につく小さな花なのである。

もちろん、しなったリーダーからまさに折鶴《おりづる》のように垂れる若葉も好きだ。あれは可愛らしい。触れてみると紙のようにカサカサと音を立て、しかし若々しく柔らかい。そいつが風に揺れる姿など見ると、鶴が飛び立っていく池の淵《ふち》に自分がいるような錯覚さえ起きる。

けれど、俺にとってのオリヅルランの魅力はむしろあの白いミニチュアめいたかそけき花である。それがつくたびに俺はため息混じりに近づき、飽きることなくそれを見つめる。したがって、俺の中でオリヅルランは観葉植物のジャンルから除外されているのである。

この間、バナナを買ってきた。これが素晴らしくいい。濃い緑の幅広の葉を茂らせ、悠々《ゆうゆう》としている。面白いことに、バナナは葉と葉の間から巻物のような新しい葉を伸ばす。その巻物がしだいに伸び、少しずつ解けていって幅広の葉になる。そして、また新しい小さな巻物をこの世に出現させる。

鼻を近づけると、ゴムに似た感触のある葉からバナナの匂《にお》いがする。気のせいかもしれないが、俺は何度も葉っぱに鼻をつけ、その熱帯の香りを味わおうとする。そのうち、大きくなった葉をちぎり、モチ米を入れて蒸してみようかとも思っている。バナナの香りのする米はさぞうまいことだろう。

ここまで書くと、いかにも観葉植物である。なにせ俺は葉ばかりを楽しんでいるからだ。だがしかし、バナナは俺にとって決して観葉植物などではない。温室でなければ無理だとは薄々わかってはいるが、あくまでも俺はバナナの実を収穫するためにそいつに水をやっているのである。

いつか必ずバナナの花を観賞し、昔ベトナムで食べた「バナナの花のサラダ」を再現する。しかるのちに実ったバナナを食べる。それが俺の野望なのだ。

窓際《まどぎわ》にはコーヒーの木もある。都合三年ほど一切の実をつけず、椿《つばき》に似た系統の葉をひたすらに茂らせ続けている。つまり、実質は観葉植物である。存在形態として観葉植物以外の何物でもないとさえ言える。事実、俺はたまに葉水などをやり、葉がよりよい色を見せるように気を遣っていたりする。

だが、俺は認めたくない。コーヒーもあくまで花のため、実のために育てているのである。誰かが「結局は観葉植物ですね」などと言ったら、俺には絶交を言い渡す用意がある。

金のなる木をせっせと世話しているのも、やはり花を見るためである。乾かし気味に育てると花がつくと聞いて以来、やつも観葉界を離れているのだ。もう五年ほどになろうか。花がつく様子はまったくない。だが、俺は夢見ている。金のなる木に花が咲くその日を。

こうして、俺は反観葉植物主義をつらぬいている。実際の観葉植物さえも、俺の中のジャンルでは観葉植物ではない。実質上観葉植物化している鉢にしても、むろん同様である。

したがって、唯一《ゆいいつ》あのレモンポトスだけが、その反観葉主義に対抗して俺の部屋を席捲《せっけん》していることになる。

だからこそ、俺はポトスの進攻に脅え、その勢力地図の拡大に憂慮を抱いているのだろう。やつが我が家の主になってしまえば、俺は観葉植物の地位を認めざるを得なくなる。それは同時に、他の青々と葉を茂らせている連中がみな花をつけないと認め、あきらめることでもあるのだ。

それだけは出来ない……絶対に出来ない。

◆BOTANICAL LIFE◆

DO YOU BE-LIVE IN FLOWER POWER?

1997年5月

(May)

DO YOU BE-LIVE IN FLOWER POWER?

◆BOTANICAL LIFE◆

ベランダ 緑は萌《も》える

［1997・5・20］

芝居で忙しくしていた。寝て起きて舞台という日々が続く中、しかし植物どもはいたって元気だった。これも五月という季節のおかげである。

四月の終わりあたりから風が暖かくなる。すると、それまで生きているのか死んでいるのかわからなかった植物どもの間に、なんとも形容しがたい気配が充満する。

この気配は微妙で、しかも露骨なのだが、どの植物が発しているのかを同定することが難しい。鳴いている鈴虫がどこにいるのかわからないように、植物どもはベランダ中に気配だけを発する。

そこに五月が訪れる。途端に気配は濃い緑色となってこの世に姿を現す。

短く切り詰め過ぎたのではないかと心配していたムクゲの、すっかり枯れてしまったような枝の根元あたりに、虫でも付いたのかと思わせるほど力強い緑が噴き出す。かと思えば、藤《ふじ》の枝のあちこちにも薄緑色の染《し》みが点々とつく。ボケもまた、落ちた葉をビデオで再生するかのような勢いで緑を染み出させる。

これら小さな緑たちは、どれも決して植物の一部には思えない。植物の体からあふれ出る寄生虫のように、あるいはどこか外からやって来て木々に取りついた未知の生物のように、緑たちは枯れ枝の隙間《すきま》から本当に奇跡のように出現するのだ。

奇跡はそのまま五月前半まで続く。小さなイモ虫のような緑たちは信じがたい速度で変態を繰り返し、錯覚のような不思議さで葉となり、枝となってぐんぐんと伸びていってしまう。一日が一カ月に思えるようなスピードで、それら緑たちはベランダの様子を一変させるのである。

あれよあれよという間に、植物はその全体像を変える。今ではもう、ムクゲは濃い緑の葉を一斉に空に向かって突き出しており、ギザギザしたその先端の具合のせいで、あたかも緑の火を噴射しながら地に突き刺さる宇宙船のようになっている。あるいは、藤は長く伸びた釣り糸のような枝のそれぞれに、ゆったりとした葉を付けて風に揺れている。最初に赤紫色をしていたブドウの生命はいつの間にか落ち着いた緑に変化し、広い葉となって太陽の光を吸収し続ける。

この奇跡はもちろん、ベランダでだけ起きるのではない。公園でも近所の庭先でも、なんならアスファルトの割れ目でも五月は容赦なくその奇跡を起こす。ミドリという名の奇妙な物質は東京中に降り、一気に姿を現してそれぞれの変態を遂げるのだ。俺はその短いがすさまじい勢いの緑たちを前にして、ほとんど言葉を失う。宇宙人襲来というのはこういうことを言うのではないかと感じ、人間に気づかれぬまま地球に住みついた緑たちに敬意を表したくなる。いったんこの世に住みついてしまった緑たちは、五月後半から見慣れた葉や枝の形となってしまうから、我々人間は何事もなかったような気になって澄んだ空気を吸う。

しかし、植物はすでに狙《ねら》っている。次の五月まで生き延びて、再びあの地球外の生命を受け取り、それを体内に呑《の》み込んだまま成長しようとたくらみ続けるのだ。そのたった二週間ほどの時期のために、彼らが生きているような気さえ、俺にはする。

つまり、植物は唯一《ゆいいつ》、地球のシステムからはみ出してしまっている生命体なのだ。外部から奇妙な緑色の物質を取り込んで、静かに何かを待ち続ける。その何かは冒頭に書いた気配と同じようにわからない。不穏で、しかも悦《よろこ》ばしくもある何か。

ひょっとするとそれは、地球内生命の滅亡かもしれないと感じることがある。その時こそ、彼らの内部に取り込まれた緑という名の宇宙的物質がこの地球を覆《おお》う。

植物とともにその日を願っている自分に、俺は時おりひどく驚く。

切り花の帝王

芍薬《しやくやく》

［1997・5・26］

今日は幸せだ。もう最高といってもいい。

出窓にあったアルストロメリアの残骸《ざんがい》と、長く働いてきたオブコニカの消えかかる花をすべてベランダに移して、そこに芍薬をびっしりと並べてあるからだ。

鉢植えの芍薬ならベランダですくすくと育っている。出窓の方にあるのはどれも切り花で、つまり俺の植物生活としては少々変わったことをしているわけである。

何年前だったか、仕事の完成祝いに万重咲きの芍薬をもらったことがあった。強いピンクの花を持ちきれないほど数十本。家に持ち帰っても、そのすべてを入れるだけの花瓶が足りず、仕方なしにコップにまで挿して部屋中に置いたものだった。

香りの強いその花々は何日もの間、部屋の中で香り続け、すさまじくゴージャスな艶姿《あですがた》を俺に見せつけた。なんというか、まさにその数日間、俺は夢見心地でいたものである。以来、俺は芍薬を贅沢《ぜいたく》なほど大量に買いたいと願い続けてきた。

去年は失敗だった。なじみの花屋が切り花としての洋芍薬を扱っておらず、ついつい買いそびれたのである。だが、今年はうまくいった。目当ての洋芍薬を仕入れている店を見つけ、そこからまず十本ばかりの芍薬を買い込んできたのだ。

そして、二日後の今日、開いた花の美しさを確かめたあとで、俺はさらに二十本の芍薬を買い足した。そして、ありったけの花瓶に生けて、出窓に並べたのである。

何が素晴らしいといって、まずは蕾《つぼみ》の充実ぶりだ。和菓子ほどの大きさの丸い蕾は、いずれ咲き出る花をすべて固めてダンゴのように縮こまっている。そして、透明な蜜《みつ》をうっすらと分泌《ぶんぴつ》させながら、ふくらんでいく。

ほころび始めた蕾はすでに元の二倍の質量を持ち、やがて最も外側の花びらをほっこりと開く。だが、その花びらはどれも内側に向かって見事な曲線を描いており、すなわち中に隠れた異常な量の花を見せたがらずにいる。

やがて、すべてが明らかになった時、我々は驚きのあまり言葉を失う。何百という花びら（それが植物学的に花びらと呼ばれるべきものかどうかは知らないし、別に知りたくもない）の塊がいっせいに外側に向かって伸びをして、それが小犬の頭くらいになってしまうからだ。花びら一枚一枚に触れるとその柔らかさはビロードのようである。花全体を注意深くつかむと、まるで子供の頭を握っているかのような重量感がある。ふかふかとして、しかし弾力があり、内部に不思議な生命が宿っているような感触がする。

そして、びっしりと茂った濃い緑の葉。

以前、アマリリスの項でも書いたが、俺は美しくゴージャスな花と野性味を帯びた葉の合体に弱い。したがって、芍薬は切り花界における俺の理想なのである。

だが、アマリリスと違って、芍薬は数十本ないと俺のハートを刺激しない。おそらく、最初の出会いが無意識にインプットされているのだろうが、それにしても数本あるだけではむしろ寂しい。咲き誇った花々が重なってどこまでが一本の花かわからないような状態になっているのが好きなのだ。その意味では、芍薬はどこかで満開の桜が感じさせる幸福感を持っている。

もちろん、蕾がぎっしりと並んでいるのもいい。これから始まるであろう贅沢な饗《きよう》宴《えん》の予感もさることながら、たわわな花をぎゅっと縮めているその生命力が俺の心臓をつかんで震わせるのである。蓮《はす》に似て時おり曲線を描く太い茎にもその生命力はみなぎっているし、何よりその素っ気ない硬さがたまらない。

立てば芍薬、座れば牡丹《ぼたん》というけれど、俺にはどうしてもこの花が女のようには思われない。女だとすれば、それはあまりに頭のでかいやつで、とてもじゃないがつきあいきれないのだ。華々しいのはいいのだが、舞台女優にありがちな顔ばかり大きな女という感じで俺の求める女性のプロポーションとはかけ離れ過ぎているのである。むしろ、芍薬は人間としての女などにはありようもない美しさを持っているからこそ幻想的で、しかも現実的かつ豪奢《ごうしゃ》な存在感を誇るのだ。

一言《ひとこと》で言えば、芍薬の魅力は茎の先端に凝縮された重みである。ある時は堅く閉じこもり、ある時はふかふかと広がってなおかつ花びらの身を寄せ合う重み。だから、買った芍薬を家まで運ぶ時から、俺は幸せで胸が潰《つぶ》れそうになる。重みで満たされているその思いはちょうど、よく慣れた猫を持ち上げている時の喜びにも似ている。

たぶん、芍薬は獣なのだ。美しい獣。しかも手垢《てあか》にまみれた比喩《ひゆ》として女を対象とする場合と違い、本当に毛並みの艶《つや》もよく、しかも我々人間と体型を異にした他者としての獣。

だから、こう言い直そう。

芍薬の魅力はその体重にあるのだ、と。その胴体の先に秘めた獣の重みと硬さと柔らかさ、あるいは獣にはあり得ないその花の美しさこそが、芍薬という植物の重層的な魅力なのだ、と。

もし、俺に切り花をくれる気があるのなら、芍薬にして欲しい。それも数十本もの芍薬。それさえあれば、俺はいつまでも部屋にこもって多幸感にひたっていられる。

BOTANICAL LIFE

DO YOU BE-LIVE IN FLOWER POWER?

1997年6月

(June)

DO YOU BE-LIVE IN FLOWER POWER?

BOTANICAL LIFE

クレッソン　［1997・6・19］　ただ生えるハーブ

スーパーでハーブを見ると、つい手が出てしまうようになった。

もちろん料理のためではない。とにかく植えて水をやるためである。買ってくる。鉢を用意して土を盛る。指で土に穴を開ける。ハーブの根を差し込む。水をたっぷりやる。

ただ、それだけのことがやめられない。

以前は、そんな育て方は邪道だと思っていた。正直に種から発芽させ、まだひょろひょろのそのヘナチョコ野郎が風にやられたり、太陽の力でへばったりしないように庇護《ひご》してやり、しかるのちに立派な青年にしてやる。それが男のハーブ道だと信じていたのである。

ところが、そうやって後生大事に見守っていると、ハーブのやつはなかなか背丈を伸ばさない。伸ばさないばかりか、ちょっとした乾きにもへたばって、鉢のふちに体をもたせかけたりする。甘えてやがるのが腹立たしくて夕方まで放っておいたりすると、てきめんにぐったりする。なんだか朝礼で貧血になっているやつみたいな姿である。

そもそもが雑草であるはずのハーブが、子育ての失敗ですっかり弱い子になってしまうのだ。公園に出してほったらかしにしておけばいいものを、オモチャだらけの部屋に閉じこめて、ジュースばかり飲ませていた報いである。自由を奪われた子供が、我が身を捨てて親に復讐《ふくしゅう》をくわだてているのだ。

こうして、何度かの失敗を繰り返した俺は、ある日とうとうスーパーでミントとディルとクレッソンを買ってしまったのだった。そして、すでに十分に育っているそいつらを土に帰してやったのである。

いわば、もらい子である。それも施設で集団育成をとげた立派な子供たちを、俺は青年期途中でひっこぬき、我が家に連れ帰ったのである。少なからぬ罪悪感はありながら、しかし俺は楽な気持ちでいい加減な世話をした。

すると、どうだろう。ディル以外はすぐに根をつけ、ぐんぐんと伸びやがるではないか。隣には種から育てたミントとラベンダーなどがあり、なんだかいじけたような背丈のままでいるものだから、ますます罪悪感が増したものである。はえぬきの選手が活躍しない球団のオーナーはこういう気持ちに違いないと思いつつ、俺は新入りハーブを興味津々《しんしん》で観察し続けた。

だが、どうも不思議なものである。本来使うために育てたはずのハーブを、いつの間にか俺は切れなくなってしまっていたのだ。例の罪悪感のせいだろうか。勝手に途中でもらってきて、勝手に葉っぱを切ってしまうことに抵抗があるらしく、とにかくやつらには天命をまっとうするまで茎を伸ばしてもらいたいと願っている自分がいたのである。

やつらは伸びに伸びた。時には、てっぺんに花をつけたりなんかしながら、もう勘弁してくれと言いたくなるほど育った。

その間、俺はまったく手を出せずにいた。見事な緑色の葉を広げるミントや、肉の横に添えさえすれば最高の脇役《わきやく》ぶりを発揮するだろうクレッソンを見ながら、俺は我慢を続けなければならなかった。

出来たら枯れて欲しかった。枯れてくれさえすれば、俺はすべてを初めからやり直し、心を鬼にして次々にハサミをふるうことが出来る。だから、諸君、もうそんなに健康そうに枝を増やさないでいただけないだろうか。

俺はそうやって、複雑な心境のまま時を過ごし、そしておそらく無意識的な水やりの忘却などによって、彼らが枯れるのを見た。

だが、人間とはなんと奇妙な生き物であろうか。彼らが自然に根だけの存在になっていくのを見終わった瞬間、俺はこんな風に思ったのだ。

なんと薄情な自分だったことだろう。俺はもう二度と彼らを枯らしてはならない。もし万が一枯れて死んだとしても、俺は何度となく彼らの継承者を探し出し、我がベランダに「もらい子ハーブの園」を作るのだ！

こうして俺は、筋の通らない欲求につき動かされ、鉢が空いていればすぐにスーパーをのぞくようになってしまったのだった。彼らを枯らしてしまったことを悔い、その負の感情を補うために常に自然で健康な雑草が生えているよう努力する。当然、料理のためにその葉を切ることは絶対に許されない。つまり、俺はまったくなんの益にもならないことを永遠に続けるはめにおちいったのだ。

またひとつ、抜け出せない地獄を俺は作ってしまった。

ベランダ ［1997・6・24］ 引っ越しとベランダ

起きたてのぼんやりした頭のままベランダにいた。

花が落ちてからずいぶん経《た》つ胡蝶蘭《こちょうらん》のために水苔《みずごけ》を替えてやり、例のアルストロメリアから野性的に伸びた枯れ枝を切ってやると、いまだに咲く気配のないムクゲについたアブラムシどもに防虫スプレーを浴びせかける。

かつては雛鳥《ひなどり》などと呼んでいた小さな球根たちは、一度弱々しい花を開いて以来すっかり枯れて土にへばりついており、俺が長い間世話を怠っていたことを認識させる。腐って跡形もないことが明らかなユリの球根とともに、そいつらを「死者の土」の中へ葬《ほうむ》ろうとすると、しかし小さな球根たちは崩れることもなく潜んでいて、俺の心を打った。

生き返ったミントは高々と天を目指し、頂点で三角錐《さんかくすい》に似た形を作って、その周囲に薄い紫色の花をマフラーのように巻き、すまし顔で風に揺れている。同じく俺の目を引くのは、今日花を開いたベルフラワーである。

三年の間、たいした世話もしていないのに、この小鉢に植えた植物は必ず梅雨の頃に咲く。花は子狐《こぎつね》の耳を思わせるように軽くとがった形で紫の五弁。今はまだ、たったひとつの花だが、後に続く者たちはすでにびっしりと蕾に変わって宙を刺し、内部に潜んだ紫をうっすらと感じさせながら時を待っている。そう長く咲くわけではないので、この花は目立たない。目立たないけれど、欠かさず咲くことで俺の心に残る。

こうして、数々の鉢に手を入れ、雑草にさえ肥料をやりながら、じっと俺は引っ越しについて迷っているのだった。今年の正月、毎年の行事として浅草寺《せんそうじ》に参った時、なぜか俺は唐突に浅草に住みたいと思ったのだ。住まなければならないとまで考えたのを覚えている。

生まれたのが東京であるせいか、俺はこの都会で住む地域にこだわったことがない。どこに住みたいという憧《あこが》れがなく、ただゴミゴミしていて夜が静かな場所であればいいと思っていたのだ。

それがどうしても浅草に住みたくなった。もともと大好きな場所ではあり、昔近くに数年住んでいたのだが、それにしても強烈な思いであった。生まれ育ったのは柴又《しばまた》の隣町。そのせいでにぎやかな寺の風景が懐《なつ》かしいのかもしれなかった。いや、柴又と浅草ではまるで風情《ふぜい》が違うから、俺は浅草のど真ん中に住むことへの理由なき欲望に目覚めたことになる。

あたりに住む知り合いにも頼んで、この数カ月物件を探し続けた。出来れば隅田川が見える場所。つまり、春は桜が厚く咲き乱れ、夏には花火の真下にいられるような家。そして、何よりもベランダが広いところ。

時たま、これはという物件が出た。俺は疲れも忘れて、仕事の合間に見に行った。だが、必ずどこかが気になった。ベランダが広ければ西向きで川が見えず、桜も花火も見える絶好の家なら前の道路にびっしりと浮浪者の方々が連なって寝ていた。毎日ビルの中にある大浴場に入れるという最高の変わり玉で、数年前から気にしていた物件にも空きが出た。しかし、部屋の間取りの使い勝手がどうにもよくなかった。素晴らしく広い上に水撒《みずま》き用の蛇口まであるベランダは、残念なことに完全な西向きだった。

他にもいくつか条件のいい部屋はあった。だが、俺は必ず最終的にベランダを気にした。西向きのベランダしかない場所では、植物たちが疲弊して死んでしまう。また部屋は広いけれどベランダが狭い場所は、最初から除外しなければならなかった。いわば猫を飼っている人間が引っ越しにくいように、俺もまた植物たちのせいで可能性を限定しなければならないのだった。

だが、だからといって植物どもを重荷に感じるようなことはなかった。捨ててしまおうと思えば、やつらは悄然《しょうぜん》と死に向かい、文句ひとつ言わないだろう。その素直さゆえに、俺はますますやつら中心に引っ越し先を選びたくなるのだ。

黙って育ち、俺に知らせることもなく花をつけ、どんな過酷な条件でも生き抜こうとしながら楚々《そそ》とした顔で太陽の方を見ている植物どもは、決して俺に依存していない。動物のようにエサをねだり、不快を快に変えようと動き回ったり鳴いたりすることもなく、自分の生死を自分だけに頼って過ごしているのだ。むしろ、俺の方こそやつらに依存しており、緑のないベランダに恐怖を感じているのである。

今、北と南にベランダのある物件を見つけ、俺は引っ越しに傾いている。川は見えないだろう。花火の見える可能性も低い。だが、それら浅草の好条件を差し引いても、俺はなんてことのない毎日を植物に支えて欲しいと願っている。それは抜き差しならない俺の願いなのだ。

こいつらのいない生活など、俺にはとうてい考えられない。

◆BOTANICAL LIFE◆

DO YOU BE-LIVE IN FLOWER POWER?

1997年7月

(July)

DO YOU BE-LIVE IN FLOWER POWER?

◆BOTANICAL LIFE◆

七月のベランダ

夏と戦うベランダー

［1997・7・9］

とんでもなく早く、暑い日々が訪れてしまった。クーラーをほとんど使うことがない俺は、ひいひい言いながら浴衣《ゆかた》をはだけ、水を浴びたりして暮らしている。

こんな暑さでは、ベランダの養生に一時《いっとき》も気が抜けなくなる。結局まだ引っ越し先を見つけていない俺は、南西向きのベランダに植物どもを置いたままでいる。夏の日《ひ》射《ざ》しを受けると、コンクリートは確実に卵が焼けるくらいの熱を持つ。いくら風があっても、ベランダを通ると熱風になってしまうほどだ。

植物どもがへたばらないように水をやりたくても、午後の日射しが強いうちは厳禁である。熱湯をかけるのと同じことになる。したがって、昼過ぎに起き出した俺は、火災発生のビルをガラスごしに見ているような気持ちで、何度も何度も外の様子をうかがう。

朝方、寝る前には水をやっている。だが、その湿気がいつ熱湯に変わっているともしれない。心配のあまり涙ぐみそうになる俺の目には、鉢がカップヌードルに見えてくる。せっかく狂い咲きしたボケの赤い花が乾燥エビみたいに思え、藤《ふじ》の蔓《つる》が麺《めん》のごとく感じられてくるのだ。

すると、「三分たったら煮えてしまう」という強迫観念が襲いかかってくる。普通煮えれば食べるのだが、ベランダ界では煮えたら捨てるのである。そんなことが許されていいものかと憤《いきどお》りつつ、じゃあ部屋に取り込んでやるかといえばそうでもない。取り込むべき鉢はすでに避難させてあり、間取り上もはや一鉢も移動させられないのである。

そんなタワーリング・インフェルノな状態を正視出来ず、やがて俺はふらふらと商店街まで足を伸ばす。汗をふきふき、道を歩いて花屋の前まで来る。さすがに、花屋は鉢を涼しげに保っている。南西向きのベランダで花屋を開業する馬鹿《ばか》はいない。立地がいいのである。

激しい日射しを浴びつつも、植物たちはさわさわと風に揺れている。水を打った道路から蒸発した水分が、風に適度な冷たさを与えている。どの花も葉も、夏を謳歌《おうか》しているように光っている。そして、俺はついつい生きのいい鉢を買い足してしまう。

涼気を買うなどといって風鈴を求めたり、朝顔を持ち帰ったりする人がいるが、俺は少し立場が違う。まず第一に、ベランダにおける酷暑地獄という現実から逃避し、あたかも自分の家のベランダが花屋の前のように涼しげであると思い込みたいのである。

　第二に、熱湯を吸い上げて自ら組織を破壊してゆく植物どものかわりに、次々と新しい戦士を送り込もうという無意識が働いている。死んだら次の歩兵を投入し、夏に負けまいとしているのだ。日露戦争における二〇三高地みたいなことである。緑の量で勝てばいいという、わけのわからない判断が存在している。大体、夏と戦うのは植物であって、俺ではない。だが、暑さはそんな間違いを正当化させるほどの力を持っている。

　したがって、ベランダ界の乃木《のぎ》将軍たる俺はまずルドベキアの小鉢を進軍させた。ちょっとヒマワリにも似たかわいいやつである。だが、すぐに花弁がカリカリしてきたために、早期撤退を余儀なくされ、置くところがないはずの室内に無理矢理まぎれ込ませた。新入りをえこひいきしたのであった。

　続いて、丈が三十センチほどのダリアを安く買ってきた。こいつも開きかけた濃い赤の花がドライフラワー化した。あわてて眠らせてあった球根の鉢をベランダに投下し、かわりに室内にダリアを置いて休ませることにした。今さえよければ、秋からの球根ライフを無駄にしてもいいという背水の陣だ。このままでは完敗である。

俺は朝顔を買い、夕顔を買って両軍をベランダ前方に配置するとともに、昔誰かにもらったらしき朝顔の種を発見し、それを新しい鉢へと空から投げ入れた。隣の鉢に土を盛り、そこに季節はずれのバジルとラベンダーの種をまいて、芽が出るまでの辛抱とフタをした。なんでもいいから徴兵しようという末期的な状況にまで追い込まれたのだ。

ちっとも花を咲かせない月下美人を窓際《まどぎわ》から書斎に移動させ、幾つかの枝を切って水を吸わせた。そこから新しい夜の軍勢が生まれないかと期待したのである。ちなみに、月下美人があった場所にはコーヒーを置いた。ベランダを見守る部隊としてはなるべく丈の高いやつがよかろうと思ったのだった。気分の問題である。

さらに日光大好きだというマダガスカル・ジャスミンまで買ってきた。こいつは戦力になるかもしれないというささやかな希望は、ポロポロと落ちてゆくクリーム色の蕾《つぼみ》とともに消え去った。悔しいのでヒマワリの切り花まで買った日もあったが、これこそ無意味だった。ベランダとも鉢植えとも関係がなかったのだ。俺としては、ともかく夏に強い植物を揃《そろ》えたかったのだと思われる。

だが、ふと見ると新入り以外のベランダの植物どもはどれひとつ枯れてはいないのだった。すさまじい暑さの中、やつらは意外なほど生き生きと暮らしているのである。新人が病に倒れていくのをよそ目に、古豪はにんまりと微笑《ほほえ》みつつ熱に耐えているといった感じさえある。

こうして俺は、錯乱によって増やしてしまった新入りの鉢どもを抱え、さらに心配事の多くなったベランダを見つめている。

この夏は長そうだ。果たして俺は、我が軍精鋭、ならびにぼろ兵士をどこまで守りおせることが出来るのだろうか。

すべてのベランダー諸君!

俺もやっている。

君の苦労は一人のものではない。

撤退することなかれ!

朝顔

［1997・7・23］

顔スペース

ベランダに〝顔スペース〟というものが出来た。朝顔と夕顔を並べただけのことなのだが、「カオスのペース」とも読める名前にほくそえんだりしている。

通常、「ほくそえんだりしている」というのは比喩《ひゆ》的に使われるけれど、俺の場合は違う。朝顔・夕顔の前で、本当ににやにやしているのである。

一番左には花屋から買ってきた朝顔の小さな鉢。その右にふたつ置かれているのは、種をまいた鉢。最も右に控えるのは購入した夕顔。

夕顔は驚くほど成長が早く、顔スペースでぐにゃりぐにゃりと伸びて、三日ほど前に花を咲かせた。

その日、緑色をして口をとんがらせていた蕾が、いつの間にか白く変わって突き出ていた。長さは三、四センチあったろうか。先端が子供の性器みたいにねじれてすぼまっており、なんだかかわいかったので触ってみた。繊細な花の柔らかさが伝わってきて、俺はあわてて手を引っ込めたものである。

ところが、ほんの五分後、夕方の水やりを始めながらふと見ると、早くもやつがほころび出していたのだった。ねじれをゆっくりと解きほぐし、ふくらんでいく夕顔の蕾。その様子はビデオの早回しのようでもあったし、スローモーションのようでもあった。

俺はジョウロを持ったまま座り込み、暮れてゆく夏の日のベランダでその不思議な時間のねじれにため息をついたのである。夕顔の蕾はねじれと反対に回転し、我々動物の時間をも狂わせている。そう思うと、非常識という言葉が頭に浮かんだ。植物は非常識だ、やつらの生きている時間が非常識だ、いや存在そのものが大いなる非常識なのだ。

当初、ただの語呂《ごろ》合わせに過ぎなかったカオスのペースとは、まさにうってつけの名前だったと自分を誉《ほ》めながら、俺は夕顔が開ききるまでベランダにいた。そして、植物という生命の非常識が、我々人類の文化・文明にどのような影響を与えたかについてあれこれと考えた。考えるうち、それは壮大な思考になっていった。

これはいずれ、ボタニカル論としてまとめていくはずだが、ひとまず俺は世界を「植物にアイデンティファイする文化」と「動物にアイデンティファイする文化」のふたつに分けたのであった。「植物派」は草花の非常識に憧《あこが》れ、必ず「輪廻転生《りんねてんしよう》」などという概念を作り出す。幾度も幾度も生まれ変わるという、俺からすれば単に反ロマンチックな馬鹿《ばか》らしい考え方は、すなわち枯れてしまった花の種が翌年再び芽吹くことの比喩でしかない。しかし、ボタニカルな民族はそうやって植物的な時間をなんとしてでも自らのものとしたかったのだ。いわば人間は一年草だからである。生まれ、育ち、開いて衰える。生きるサイクルが、我々にはたったひとつしかない。

夕顔が小さな花を咲かせるまでの短い時間に、俺の脳もまたおそろしい速度でねじれ、花開いていたのだった。

その横の種どもも、もちろん面白い。もう十センチほどに丈を伸ばしているのだが、いまだに種の殻を葉の先につけたままでいる。なんだか哺乳瓶《ほにゆうびん》の吸い口をくわえた青年といった有様で、なるほどこれが朝顔の魅力のひとつだったのだと納得せざるを得ない。

人は朝顔に葉水をやりたがる。夏に涼をとるためだというが、俺はそれだけの理由とは思わない。我々はどこかで、乳幼児的な甘えを残した朝顔に水を与えたくて仕方がないのだ。その甘えが我がことのように思えるからである。母恋いの要素を濃く保つ朝顔だからこそ、我々はこの植物を愛し、せっせと世話をする。つまり、朝顔は自分の中の幼児性を象徴しているのである。

ごたぶんにもれず、俺も朝顔にせっせと水をやっている。夜は葉水をやり、月の光の下でそいつを見つめてはうっとりする。種殻をつけたまま、朝顔はすっかり大人になったような様子で風に揺れている。

やつは揺れながら育ち、やがて太陽注ぐベランダにあの子供の性器を突き出すだろう。自分の天下を謳歌《おうか》し、あたかも一人前の男のように雄々しくふるまおうとするに違いない。しかし、その蔓《つる》は細く若々しく、そして弱い。花もまた、ぎゅっとつまめばちぎれてしまうくらいの薄さである。

若気の至りだ。朝顔は若気の至り。あるいは稚気そのもの。

まだ母恋しい年で、立派に刀など差してみせ、馬にまたがって胸を張る若武者のような植物。

その子供らしさを、我々は長く愛してきた。植物にアイデンティファイする伝統の中で、大人になりきらぬ朝顔に目を細めてきたのである。

俺たち男にとっては、その朝顔はどこか自分である。あって欲しい。朝顔の稚気を許すように自分を許して欲しい、と俺たちは心の底の方でうっすらと願っている。

願いながらあきらめている。

BOTANICAL LIFE

DO YOU BE-LIVE IN FLOWER POWER?

1997年8月

(August)

DO YOU BE-LIVE IN FLOWER POWER?

BOTANICAL LIFE

金魚 [1997・8・8] 反対に生きるもの

シンポジウムを終えて紀州から帰ると、水槽の金魚が二匹水面に浮かんでいた。一匹は黒ずみ始めた腹を見せ、もう一匹は(赤一号だ)かろうじて生前の姿勢を保ちながら、しかし片目を白く変色させていたのである。数匹いたメダカのうちの二匹もまた、真っ白な体となって水底に沈んでおり、俺は言葉ひとつ思い浮かばぬまま、やつら死者を網ですくい、ベランダにある大きな鉢の土の奥深くへと埋葬した。

固形エサも入れておいたし、日があたりすぎないように水槽の位置も工夫してあった。匂《にお》いからするとどうやら水が腐っていたのだが、それが死の原因か、死から引き起こされたものかわからなかった。

以前、白一号が唐突に死んだときも俺は不在だった。果たして、自分がいればその死を予感し、未然に防ぐことが出来たのだろうか。メダカ三匹のみが残った水槽を前にして、俺はぼんやりと考え続けたものである。

いつでも、すきを狙《ねら》うかのごとく、やつらは死んでみせる。ほんの少しの時間を使ってやつらは万全に死を用意し、その目的地に向かって一気に走る。数日間調子が悪そうにしていれば俺も対策を講じることが出来るのだが、やつらの行動ときたらいくら何でも突然である。まるで雷にでも打たれてしまったように目を丸く開けたまま、やつらは死んでしまうのだ。

いかにも自分は突然死にましたと言わんばかりである。あなたは私が死ぬ瞬間をご覧にならなかったようだから、そのまんま浮かんでいてお見せしましょうという感じがする。ゆっくりゆっくり理路整然と死んだ様子がない。これこれしかじかで具合が悪くなり、しかもあれこれと事情が重なりましたという筋が通っていないのだ。

金魚の死に方とはかくも不条理なものかと痛感した。痛感し、茫然《ぼうぜん》としたままベランダに出た。あたかも金魚のかわりのように、ムクゲが一輪咲いていた。いや、咲いたあとのしおれた残骸《ざんがい》を見せていた。見れば隣にもしおれた朝顔がふたつ、波打ち際《ぎわ》の風船みたいな格好になってうなだれている。

どちらも俺が見ていないすきに咲いたのである。咲いておいて水が足りなくなり、それですっかりしおれてしまったのだ。俺はあわててやつらにたっぷり水をやり、あっちこっちひきつれてしまった花弁を丁寧に開き直しておいた。小一時間もすると、朝顔は案の定花らしいそぶりでみなぎり、最も盛りだったであろう頃の八割の姿を取り戻した。

植物はこうして、ゆっくり死のうとする。少なくとも、死に至るいきさつをその体に残そうとし、しかも唐突に生き返る。唐突に死に、ゆっくり生きようとするのが動物だとすれば、植物はまったく反対の生命の形を持っているのだ。いわば、俺たち（俺と植物）は入り口と出口を逆さまにして生きていることになる。

俺はぼんやりとそう考え、再び水槽の前に戻って、見るともなくメダカどもに目を向けていた。水を替えてやった水槽の中では、驚くべきことに水草が激しい光合成を始めており、ぶくぶくと酸素の泡を吹き出させていた。

先日新しく買ってきて以来、その水草はまったく呼吸の様子を見せていなかったのである。元気がなく、死に向かっているのだろうと思っていた水草は、あろうことか金魚が死んだ途端、何を思ったか活《い》き活《い》きと二酸化炭素を吸い込み、酸素を吐き出し始めたのだ。

だから植物は困る。植物は生の時間を途切れ途切れにし、唐突にそれを謳歌《おうか》しては黙り込んでしまうのである。壊れた時計のように勝手に時を支配し、しかし我々人間よりはるかに敏感に陽光を計測し、季節を区切るのだ。

これみよがしに息を吐き続ける水草をじっとにらみつけて初めて、俺は死んだ金魚が哀れだと思った。唐突に生き返らない動物の体が哀れだし、ゆっくり体を大きくしてきた今までの毎日が可哀想《かわいそう》だった。

金魚の死骸の上に何かの種をまいてもいいと思っていた。だが、俺はその計画をやめにした。動物を覆《おお》い隠して繁茂する植物に、俺は初めて憎しみを感じたのである。

蓮《はす》
[1997・8・22]
憧《あこが》れの果て

絶対に買わなければならないと思いながら、一方で絶対に買ってはならないと思いつめ続けてきた植物。それが蓮だ。

なにしろ、蓮はベランダー界の鬼門だ。美しいが重い鉢が欲しくなるし、引っ越しも大変になる。それより何より、蚊がわけばお隣に迷惑がかかる。今でさえ俺のお隣さんは、毎朝ベランダに水をまいているくらいだ。おそらく、俺のベランダの土が風に乗って移動しているのである。この上、蚊まで移動してしまうことになれば、俺は自責の念で蓮の鉢に頭を突っ込み、窒息死を選びかねない。だからこそ、俺は蓮計画を断念し、水草など飼ってお茶を濁していたのである。

八月の初め、なじみの花屋の店先に蓮が出た。憧れの花だから、俺は前を通る度に横目でちらちらと見た。買ってはならないと自分に言い聞かせる反面、やはり欲しくて欲しくてたまらなかった。その時はまだ金魚が死んでいなかったから、新しい金魚を数匹買って鉢の中に放してみたいものだと妄想を広げ、ドジョウはどうだろうなどとわけのわからない考えにとりつかれて金魚屋をのぞいたりした。ある日、とりあえず知識として世話の仕方くらい聞いておきたいじゃないかと自分をだまして、花屋の中に入った。

入った時点ですでに買ってしまうことは目に見えていた。見えていたくせに、俺は他の花など熱心に見るふりをした。たまたま店主がいた。俺は可愛《かわい》らしい小さな花を見つけてその名前を聞き、へえなどと言って買ってみたりした。そいつは今も、ベランダ近くの窓際で丈夫に咲いているが、名前はまったく覚えていない。蓮の犠牲者である。

やがて、俺はおずおずと、ええと、あの蓮のことなんですが……と切り出した。店主は質問が終わるのも待たずに答えた。ああ、あれね、水さえやっておけばいいから楽だよ、いい蓮だし、花が終わったら肥料としてニボシを二匹くらい差しておいて下さい、あなたは今から家に帰るところかな、帰るんだったら車で送って行きますよ、蓮と一緒に。

普通の人にはわからないだろうが、店主の言葉は様々な方向から俺を刺激した。まず世話が楽なのである。しかも、ニボシをやるという鈴虫飼育みたいな面白さがあった。その上、即座に運んでくれるという。さらに俺は他人の車に乗っけてもらうことが好きであった。子供の頃、田舎の叔父さんのバンで畑まで行くのが何よりの楽しみだったのだ。

自分の子供っぽさを存分に刺激されながら、俺は必死に耐えた。いや、そうはいっても陶器の鉢まで買うことになるんだぞ、しかも金魚が増えてしまうのだ、台風が来れば泥があふれ出して、お隣のベランダを襲うことにもなりかねないし、泥だけならまだしもそこには金魚まで泳いでいることになる。

五分後には店主の車に乗っていた。

こうして、その日の午後、蓮は俺のベランダの端に鎮座した。朝な夕なとはこのことかと思うほど、俺は毎日蓮を見て暮らした。泥の中から健康な茎を伸ばすその様子や、ふたつの蕾《つぼみ》がこころもち重たげに首を傾《かし》げる様は、いくら見ても見飽きなかった。

美しい柄の鉢などは必要なかった。ヌカミソの入れ物みたいな桶《おけ》に入ったままで、蓮は十分にカリスマを発していた。夏のベランダで鉢に水を張っている以上、金魚を飼うことは不可能だった。ボウフラさえ即死するほどの熱を持つのである。数日後から は花が開いた。濃いピンクの花弁をほころばせ、黄色いオシベを揺らす蓮の花はまるで天上の生き物のように優雅に息をしていた。俺はたまらずデジカメを持ち出し、その香《かぐわ》しい花の様子を撮り、丸い葉の上に水晶のような形を作る水滴を撮り、すっくと伸びる茎の緑を撮った。

撮っておいてよかった。二日ほど家をあけて帰ると暑さで水が干上がり、丸い葉の周辺部がすべて灰色に変化して、内側に巻き上がっていたのである。幸い花は終わったあとだったので、残った泥に頭を突っ込んで窒息死するような気分にはならなかった。カラカラと風に揺れる葉を見ながら、俺はこの形を花だと考えたらどうだろうと考えた。

確かに、乾いた葉は一定の規則にしたがって巻き上がり、しぼりのゆるい巾着袋《きんちゃくぶくろ》のような形になっていた。蓮自体が死んだ様子はなかったので、俺はすぐに立ち直り、再びその乾いた葉を毎日眺めて暮らした。

やがて、落ちた花の跡が蓮根《れんこん》に似た姿になった。真ん中にひとつ、それを中心にして五つ、合わせて六つの穴があり、それぞれの穴の中に種が入っていた。一度乾いてしまったからか、種は穴よりよほど小さくなっており、まるでお椀《わん》に乗った一寸法師であった。揺れる茎のてっぺんにいて、一寸法師はいつまでも穴から落ちない。

その様子は、仏像が蓮華座《れんげざ》の上に座っているようにも見えた。蓮を日常的に見る国々の仏教徒は、長い歴史の中で同じことを思い続けてきたに違いなかった。だからこそ、蓮は仏教のシンボルなのだと俺は今さらながら納得した。

何日も経《た》ってから、穴から種を取り出し、ほとんどを泥に投げ入れた。ブッダが衆生《しゅじょう》の中に身を置くかのように、種は水の上をただよった。残しておいたふたつの種は水を張った小さなグラスに入れ、台所に置くことにした。

だが、種はいっこうに根を出す様子もなく、殻を破って飛び出したブッダが天上天下唯我独尊《ゆいがどくそん》と宣言する気配もなかった。妙にやせ細り、リスにやるヒマワリの種のように乾燥した種は、やはり死んでしまっているらしい。

俺は今から、からからに乾いた葉をすべて刈り取ろうと思う。泥の底からは、すでに細長い葉が経巻物みたいな形で新しく伸びて来ている。俺はそいつを丹念に育て、来年再び花を咲かせたい。そして、活き活きとしたブッダを蓮華座の上に迎え、泥の中へと投げ入れてやるのだ。

その時には金魚を買ってきてもいいだろう。やつらは生まれたてのブッダを見守ることになる。そんな大役をおおせつかった金魚なら、よもやブッダも死なせまい。

朝顔 ［1997・8・25］ ベランダーの矛盾

朝顔は次から次へと咲く。

だが、困ったことに都会のベランダーのある種の生活として、俺は朝方眠って昼過ぎに起きるのである。

眠る前には湿った唐傘《からかさ》のような、ほどけかけた蕾の柔らかな生命を目撃出来る。ああ、またひとつ朝顔が咲くのだと胸ふくらませる。

だが、起きた頃には花は咲き終え、萎《な》えているのだ。雨の道路に落ちたティッシュのようにすっかり溶け出してへたった花。

まったく、朝顔はなぜ朝顔なのか。

◆BOTANICAL LIFE◆

DO YOU BE-LIVE IN FLOWER POWER?

1997年9月

（September）

DO YOU BE-LIVE IN FLOWER POWER?

◆BOTANICAL LIFE◆

オンシジウム　捨て子を捨てる

［1997・9・20］

今月初めの真夜中、半透明の袋を片手にしてマンションのゴミ捨て場の扉をそっと開けると、可燃ゴミの棚の上に大きな鉢が置かれていた。

見れば、時期の過ぎたオンシジウムであった。六本ほどの伸びきった茎を暗いコンクリートの壁に向かって差し出し、最も長い茎の先には咲き残った黄色の花をたったひとつだけつけている。細いうどんのような根は鉢からあちこちにはい出しており、今すぐ救助してくれとばかりに上目づかいで俺を見ている。

大変なことになった、と思った。普通の人にはゴミでも、俺にとっては捨て子なのである。その場ではどうしていいのかわからず、俺はいったん部屋に戻って思案した。気がつけば片手のゴミ袋を持って帰ってきていた。激しい動揺があったのだと推測された。

部屋にはすでに胡蝶蘭《こちょうらん》があった。何度も花をつけて俺を狂喜させた胡蝶蘭だが、今は茎を腐らせ、そのまま半年ほど新たな茎を伸ばす気配もなく、窓際《まどぎわ》の丸テーブルの下で隠居をしている。

一度花の力を終えた蘭が素人《しろうと》の力で再びその盛りを迎えることは稀有《けう》である、と俺は経験上知っていた。ベランダにもひとつ、買ってすぐに花の落ちてしまったパフィオペディラムがあり、ローリング・ストーンズのマークみたいな葉をベロリと伸ばしたままでいた。

もしゴミ捨て場からあの捨て子を拾ってきても、同じように長い舌じみた葉を茂らせているばかりなら俺は満足出来ないだろう。いずれ邪魔になり、俺は口に出せない罵声《ばせい》を心の奥にこだまさせて過ごすことになる。だが、一方で哀れな捨て子を放っておけない自分も明らかに存在していた。その奇特な俺はこう言っていた。

見たか、ベランダーよ。都会の中産階級たる俺よ。あのオンシジウムが入った青い陶器のような鉢はかなり使い勝手がいいに違いないぞ。

要するに、俺は鉢が気に入っていたのだった。善行なんてそんなものである。

朝方、俺はもう一度ゴミ袋を持って、エレベーターに乗っていた。ゴミ捨て場に到着すると、心臓がドキドキしているのに気づいた。相手は捨てられた身である。俺はその捨て子を拾うのである。なんの悪いこともしていないというのに、俺は盗人《ぬすっと》のような気分になっており、鉢を抱え上げると大急ぎで部屋に帰った。

水苔《みずごけ》はカラカラに乾いていた。あわてててたっぷりと水をやり、その日は肥料をやらずにしばらく調子を見ることにした。環境の変化に対応出来るかどうかを探りたかったのだ。幸い、水を吸ったオンシジウムは活《い》き活《い》きとしてきた。前の所有者が世話を怠っていなかったことは、こまめに切られた茎の残り方でわかった。おかげで、やつは捨てられたダメージもなく、水をゴクゴク飲んで一息ついたのである。俺は三日後に肥料のアンプルを差し、さらに様子を見た。花を咲かせ終えた茎どもはどれも背を伸ばしかけた。

安心するとともに、俺は罪悪感にも襲われた。なにしろすべての株を育てるつもりはなかったからだ。明らかに役目を終えている茎が数本あった。前所有者もそれを知っていたからこそ、泣く泣くそいつを捨てたのだと思われた。しかも、俺は青い鉢を早くカラにして、他の用に足したかったのだった。

あまり長いことそのままで世話をしていると情がうつること必至であった。一週間後、俺は自分の内面を空虚に保ち、床に新聞紙を広げた。鉢からすべての株を取り出し、六個の株をためつすがめつ見た。あからさまに傷《いた》んでいるものは「拾い親孝行」だった。捨てる理由を与えてくれ、心の葛藤《かっとう》を軽減してくれるからだった。

俺はそいつらに感謝をしながら、半透明のゴミ袋に入れた。だが、まるで葛藤がないわけではなかった。「こんなゴミまがいの捨てられ方をするくらいなら、鉢ごと捨てられた方がましだったのではないか」という疑問が俺を責めさいなんだ。なにせ、こちらには鉢目当てという弱みがあった。そこを突かれたら、俺はおしまいである。植物がしゃべらないことに俺は猛烈な感謝をした。

数年前、『捨て子を捨てる』という題名の短編小説を書きたいと思ったことがあった。内容をよくよく考えたわけではないけれど、おそらく株を捨てているこの自分の複雑な心境を描こうとしていたに違いなかった。拾った時点では善人であるにもかかわらず、それを再び捨てるとなると大悪人に変わってしまう立場。それがどうにもこうにも面白いと考えていたのだが、まさか自分がその主人公になるとは予想していなかった。

ともかく、最後にふたつの株が残った。どちらか一方を捨てれば、俺にも十分な世話が出来た。ひとつはまだ先に花をつけている株である。もうひとつはやたらに元気のいい葉をつけた株であった。

一般に、花をつける茎の伸び方は決まっている。大きな葉があり、その葉の根元を守るかのような、舌を小さくすぼめた形に似た葉がついていれば、その間から茎が生育する。しかし、すでにそこから伸びた茎があり、そいつが傷んでいれば、復活は難しい。すでに俺は胡蝶蘭の観察によって、その掟《おきて》を心得ていた。

残る二株にはどちらもその重要な葉があった。俺は迷いに迷った。迷いついでにゴミ袋から他の株を取り出し、それにも優柔不断な温情をかけたりした。心は千々《ちぢ》に乱れ、わけもなく叫び出したいような気になった。新聞紙からこぼれ落ちた水苔が、作業途中でちぎれてしまった根とともに部屋のあちらこちらに散っていた。人を殺してバラバラに切断しているような錯覚があった。

ついに俺は選考に残ったふたつの株を両方とも育ててみることに決め、急いでゴミ袋のふちを固く縛った。二度と迷わないぞという自らへの戒めであった。

たったひとつ花を残した株は、他の部分から三本の茎を伸ばしかけていた。俺は集中的にそいつの世話をした。世話をすることで、捨ててしまった捨て子への罪を免れようとするかのような勢いであった。根をよく洗って新しい水苔の中に入れ、しばし放っておいてからアンプルを差し、固形肥料を埋め込んだ。添え木を何本も立てて、ひょろひょろした新しい茎の手助けをし、水やりに気をつかった。

すると、新しい茎のあちこちから互い違いに小さな芽が出た。一週間もしないうちに、それらが徒長した茎の芽でないことがわかった。玄米ひと粒ほどの大きさをした芽の表面に、少女のそばかすめいた茶色の斑点《はんてん》が浮き出たからだった。やつらは花の用意を始めたのである！

俺はそれ以降、添え木の調子を直すにとどめ、なるべく放任主義でいながらなおかつ毎日のようにそのたくさんの花芽を見た。そして、三週間後の昨日、長い茎の先にまるで歌舞伎《かぶき》や文楽で使う芝居上の蝶のようにしがみつき続けていた花が落ちると同時に、新しい花がほろほろと開き始めたのであった。

紋黄蝶《もんきちょう》じみた花は小さい。それは予想されたことであった。もしも少しでも大きく咲かせる気なら、俺はまず花ひとつしか残っていない茎を切り、新しい茎のうちで最も勢いのいいものだけを選んで、他を取りのけてしまうべきだったろう。しかし、それをしないのが俺のやり方である。

咲きたいやつがいれば咲かせてやる。咲くつもりがなくても元気がいいなら茂らせてやる。鉢が目当てでも、拾った植物の世話はしてやる。

おかげで俺はあと二カ月ほど、妙に小ぶりなオンシジウムの黄色い花を楽しめそうである。問題は葉っぱだけで生き続けるもう一方の株なのだが、まあ捨てることはすまい。いつかその気になったなら、やつも花くらいは咲かせるだろう。そうでなくても、俺はのんびりとそいつにも水をくれてやり、太陽の当たる場所に置いておく。

茄子《なす》

[1997・9・28]

千にひとつが永遠に

ベランダには茄子もある。

買ってきてから二年ほど経《た》つのだが、今もさかんに花を咲かせている。

花はもちろん薄い紫。中央の黄色が鮮やかだから、それ自体を楽しんでいることが出来る。葉は少しトゲのある表皮を持ち、触るといつも象の背中を思い出す。

俺は昔、親のない子象たちを飼育する施設を訪ねたことがあった。場所はスリランカの内陸部である。そこで触った象たちの皮膚の具合は、なんとも言えずショッキングだった。いや、別にそいつらが異常なわけではない。象に触れるのが初めてで、まさかそれほどの剛毛がまるで針金のように長く伸びているとは知らなかったのである。

その後、タイのスコタイや中国のシンセンで象に乗ってみたりした。どうやら大人の象よりも子象の毛の方が長い様子だった。子象の場合、なんでそれほどと思うくらいの長さで毛がひょろひょろと立っており、そこに死んだ虫なんかがひっかかっていたりする。

それを見たときの、あまりの「かわいくなさ」は俺の心を傷つけた。ダンボは言うに及ばず、俺たちは数々の絵本や漫画で子象を見慣れている。なんともいえずかわいいものだと思っている。まさかそいつの背中にほやほやと曲がった針金のような毛が立っていて、なでようにもなでられないことは知らない。無理になでても触れるのは針金の先で、しかも子象が意外なほど臭いことに無知である。

だからといって、俺は茄子をないがしろにしているわけではない。わけではないが、やつには虫がつきがちである。どこからわくのか知らないが、放っておくといつの間にかアブラムシに覆《おお》われていたりする。あわてて防虫剤をまいてやるのだが、薬の強さで葉がうっすら白くなったりもする。少し不気味である。その不気味さが、また子象に似ている。

いや、本当に信じていただきたいが、俺は別に茄子が子象みたいでいやだといっているのではない。

それが証拠に俺は茄子を様々な位置で育て（一方で他の鉢に迷惑がかからない位置という意味でもあるのだが）、ついに虫のつかない場所を発見してそこで育てているのである。ベランダの左隅、ほとんどファームみたいな地帯だが、おかげで茄子はいつになくスクスクと伸びている。

ある時、俺は花屋の前で他の植物を眺めていたのだった。すると、品のいいおばあさんが近づいてきて、あら、茄子を見てらっしゃるの？　と言ったのである。見ていないというのも失礼だから、はい、茄子を見ていましたと答えた。再現すると馬鹿《ばか》みたいな話だ。

おばあさんはにこやかに微笑《ほほえ》んで自分も茄子を見下ろし、こう続けた。

「親の意見とナスビの花は千にひとつの無駄もないって言うんですよ」

一瞬、意味がわからなかったが、何かいいことを言おうとしている感じは理解出来たので、急いで、いい言葉ですねえと相づちをうった。

「ね？　茄子の花は必ず実をつけるのよ。親の意見も同じ。聞いておいて無駄はないの」

そこで初めて格言の全貌《ぜんぼう》をとらえた俺は、ますます大きくうなずいてみせ、ついでに余計なため息までついて感心したふりをした。

俺は年寄りの話を聞くのが好きなのである。しかも、相手は前髪をまっすぐに切り揃《そろ》えた妙な男に話しかけてくれたのだ。その恩義に報いなくてはならないと思った。いい青年を演じきって、そのおばあさんの一日を明るくしてやりたかった。

「はあ、そんな言葉は知りませんでした。いい格言ですねえ。親の意見とナスビの花は……」

覚えていなかった。しかし、言葉にはすでに名調子がついてしまっている。帰結がなければすべてが御破算だった。一瞬にして親の意見と茄子の花の共通点を探し出そうと焦《あせ》った。

「ええと、ナスビの花は……」

なかった。共通点などみじんもないからこそ、格言は面白味を増すのである。幸いおばあさんは微笑んで繰り返してくれた。

「千にひとつの無駄もない」

「ああ、無駄もない」

俺の脳みそこそ無駄であった。

ここでなんとかしなければと思った俺は、すかさずその茄子の鉢を手に取り、

「僕、これを買います」

と好青年を装《よそお》って、悪化する事態の好転を狙《ねら》った。それで他人の親への孝行が出来るなら、本当はそっちが欲しかった茄子の横の鉢をあきらめることなどたやすかった。

こうして俺はやつとつきあい始めた。驚くべきことに、いきなり最初の花が落ちた。

二番目のやつはなんとかチビ茄子くらいにまではなったが、それ以上育たずに枯れてしまった。

以来、茄子はアブラムシなどをふんだんに付けながら、しょっちゅう蕾《つぼみ》をつけ、しょっちゅう咲く。

そして、咲いては落ちる。

植え替えもしてやった。土に栄養も混ぜ込んだ。それでも無駄である。千にひとつの実さえつけることがない。

あたかも子象が実際にはかわいくなかったかのように、格言は現実を前にしてもろくも崩れ去った。

だが、ガミガミと精力的に挑んできては、立ち向かってみればふがいないほどの早さで散っていくナスビの花は、少なくとも親の意見との真の共通点を俺に教えているのである。

◆BOTANICAL LIFE◆

DO YOU BE-LIVE IN FLOWER POWER?

1997年10月

(October)

DO YOU BE-LIVE IN FLOWER POWER?

◆BOTANICAL LIFE◆

サボテン ［1997・10・21］

サボテン一家

キュウリみたいな形をした二本のサボテン。この一鉢は古株である。たぶん、もう四年くらいは様々な窓際《まどぎわ》に置かれたまま黙っている。

もとはといえば、一緒に仕事をしていたスタッフからもらったのだった。誕生日のことである。いとうさんの性格にぴったりのプレゼントだと思うんですけど。そう言われて苦笑した覚えがある。

俺はその頃、たまに切り花を買って来ては花瓶に活《い》けるという高尚な趣味を持っていた。当時住んでいた場所の裏手に商店街があり、そこに小さな花屋があった。俺は一週間から二週間に一度はその花屋に行き、安い切り花のセットを買うことにしていたのである。

花屋は妙に親切であった。少し具合の悪い花が混じっていれば即座に取り替えてくれたし、値段を下げてくれることもあった。ごく個人的な華道を楽しむ俺を理解し、同じく花を愛《め》でる者同士としてエールを送ってくれているのだと思っていた。

俺が定期的に買い求めていたその切り花セットが仏花であると教えてくれたのは、サボテンをくれたスタッフの一人であった。いつも買う花の種類と値段を言ったら、彼女は大笑いして俺に言ったのだった。

「仏壇に供えると思ってるんですよ、その花屋さんは」

確かに、花屋はいつも〝感心ですねえ〟と言いたげだった。実際、必ずそういう顔をして俺に花束を渡し、深々とおじぎをした。怪しいものを感じながら、俺も深々とおじぎを返したものである。

そのおじぎの交換が、実は死者を弔うべく行われていたことに俺は仰天した。実際花束には必ず菊が入っていた。そうでなければ曼珠沙華《まんじゆしやげ》である。死人が喜ぶような花ばかりだ。

誰も死んではいないのである。死んでもいないのに俺は毎週のように菊や曼珠沙華を買い求め、花屋はその感心な男に賛嘆と同情のエールを送っていた。しんみりしたムードでありがとうございますなどと背中に声をかけ、意味のない弔いに無用な花を添えていやがったのである。

以来、俺はその花屋に出入りするのをやめ、あまつさえ引っ越しまで行なったものだ。

無知な俺の失敗談はもういい。問題はサボテンだ。

たいして水もやらずに放っておかれたサボテンはじき、頭をくいっと伸ばしたまま茶色く変色し始めた。こいつはいけないと思って、俺はようやく時期を見て水と肥料をやることにし、変色した部分をなんとか乾かそうと日当たりのいい場所に鉢を移動させた。

その間、三年である。頭を伸ばし、変色し、水と肥料を与えられ、太陽に当たった。それがなんと三年の間にサボテンに起こった変化なのだ。まったく気の長いことこの上もない。体中を針で覆《おお》い、いかにも神経質なふりをしながら、やつは実のところ意外なほどのんびり屋なのである。

しかし、四年目の今年。やつに大きな変化が訪れた。まず根元近くから小さな子サボテンが出現したのだった。一歳児の小指くらいの可愛《かわい》らしい子サボテン。そいつを発見した俺は狂喜し、デジカメでその小さな生命を撮り貯《だ》めしたり、そこに水がかからないよう注意しながら給水したりし始めた。

子サボテンもまた気が長かった。いつまでたってもムクムクと成長することをせず、親の根元でもじもじし続ける。その気の長さに耐えきれず、俺は植え替えを行なった。

根詰まりでも起こしていたら大変というのが表向きの理由だったが、実際はとにかくなんでもいいから世話をしたかったのである。

このへんの微妙に馬鹿《ばか》らしい気持ちはベランダーならわかるはずだ。植え替えなどこれっぽっちも必要ではないのだが、そのままでは高まる愛情とゆるやかな成長の折り合いがつかないのである。だから、不必要な世話をせざるを得なくなる。

だが、サボテンの植え替えは思いの他苦労が多い。なにしろ、軍手をしていても針は指に刺さる。刺さるから思わず手を引くと、針が軍手にひっかかったままになり、バランスを崩したサボテンがベランダに倒れることになる。あわてて手を添えればまた新たな針が攻撃をしてくる。いらだって蹴《け》りなどいれようものなら、せっかく高まっていたはずのあの愛情は何だったのかということになる。

多肉植物用の白砂めいた土を盛り、その中央にサボテンの株を置くのだが、意外に斜めに傾《かし》ぐ。ここでも針による痛みと愛情の両天秤《りようてんびん》である。必死に形を整えてやるのだが、本人にはそんな愛情は通じない。やつはひたすら周囲を攻撃し、身を守るのみである。

こうして、とにもかくにも大きな鉢に移してやり、軍手を脱いで穴だらけの指など見る。やり遂げた植え替えで、サボテンは自由を謳歌《おうか》しているように思え、ベランダーはようやく十全な自己満足にひたる。これでよしなどとつぶやき、あやうくサボテンをなでそうになるが我慢し、かわりに少量の水をやる。

そして、数カ月。

今では子サボテンが五つに増えている。気の長いサボテンにしては珍しいほどの早さで、あれよあれよと株分かれしたのである。中のひとつなど、いったん閉じたはずの頭の部分から、新しい頭をくいっと伸ばしたりしている。生意気である。身長五センチの生意気。

いかにも若い透明感のある緑に染まった子サボテンたちを見るにつけ、俺はあの時植え替えをしていた自分を誉《ほ》め称《たた》えたくなる。指に穴を開けてまで頑張ったからこそ、ニョキニョキと子サボテンが生え出てきたに決まっているからだ。

俺は毎日やつらを見る。思ってもみなかったサボテン一家の充実ぶりに目を細め、なでることだけは我慢してひたすらに眺める。愛情表現としての水やりも、相手がサボテンである以上控えなければならない。隔靴掻痒《かっかそうよう》とはこのことである。

したがって、今、俺は猛烈な欲望に突き動かされそうになっている。

愛情を拒みながら可愛らしさを見せつけてくるサボテンにしてやれることといったら、この世にただひとつしかないのだ。

植え替えである。

謎《なぞ》の侵入者

ダチュラ

［1997・10・27］

ダチュラといえば、『コインロッカー・ベイビーズ』である。確かドラッグの名前に、村上龍はダチュラを使っていたのである。そもそも毒を持つダチュラはまた、俺の戯曲『ゴドーは待たれながら』の中でも象徴的な植物として登場する。

主人公たるゴドーには、ベケットの向こうを張って（GODOTがGODに関係あるといわれる以上）弥勒《みろく》の性格を持たせたものだった。いつか来るといわれているのに、あまり長いこと行くのを待ったために約束の時間を忘れているのだ。その弥勒の目の前に枯れた一本の木がある。仏の上に降り注ぐはずのマンダラゲとして、そして首吊《くびつ》り自殺をした男の精液から生えるといわれるマンドラゴラとして。

マンダラゲもマンドラゴラも、俺の作り話ではない。そういう植物が実際あるのだ。確かそれがダチュラに関係あるか、ダチュラそのものだったような気がする。気がするというのは俺の記憶の異常な薄さのためで、書いている当時はあれこれと資料を集めたものだった。だが、忘れた。すっかり忘れてしまった。

マンダラゲはインドでマンダーラヴァ。曼荼羅華《まんだらげ》というやつだ。近頃集中的に仏典を読んでいるので、このマンダーラヴァがやたらに世尊《せそん》の上に降る。そうそう、思い出した。何かが降ってくるように思い出した。曼荼羅華、ダチュラはつまり朝鮮朝顔だ。別名キ×ガイナスビである。とんでもない別名だ。そんなものを浴びている仏たちもどうかと思うが、とにもかくにもダチュラの野郎は両極端の物語をあわせもった不思議な植物なのである。

だからこそ、二年前だったか、花屋でダチュラを見つけた俺はいちもにもなくそいつを購入した。ラッパのような形の黄色い花がうつむき加減に咲いているあたりも怪しくてよかった。しおらしい顔などしているが、野郎はその身中に毒を持っているのだ。

だが、毒持ちの狂ったナスビは、すぐにその花を落としてしまった。以来、咲かない。四季を問わず柔らかい葉がにょきにょき生えてくるのだが、残念なことに花には縁がなくなってしまったらしい。俺はいつでもたっぷり水をやり、そいつが再び黄色いラッパを持つことを夢見ているのだが、それもはかない望みのままである。

そんな中、今年になって河内《こうち》桃子さんからダチュラをいただいた。鉢植えをテーマにした番組で一緒になった時、是非もらって下さいとおっしゃったのである。もちろん彼女はダチュラとは言わなかった。ええと、また忘れてしまったわけだが、ダチュラの野郎は黙示録を想起させるような別名を他にも持っているのである。エンジェルなんとか。ああ、エンジェル・トランペット。東洋、西洋をまたにかけて、まるで007みたいなことになっているわけだ。その素敵な名前でやつを呼ぶ河内さんに、俺はまさかマンダラゲとかキ×ガイナスビとは言えなかった。

届いた鉢は確かにダチュラだった。丈も以前から持っていたものと近く、うれしくなって並べて置き、丹念に水をやって育てた。

ところが、である。三日前、ダチュラに異変が起きた。幸いなことに俺が育てていた方のダチュラなのだが、細長い葉がバリバリと食われていたのである。そう、まさにバリバリという感じで、もし人が嚙《か》みちぎったとすれば、かなりの大口だと思われた。むろん、俺は相手が人間だと思ったわけではない。これでも小さいころは昆虫博士になろうと願っていた男だ。ひと目見ればイモ虫の仕業だと判断できる。

惜しいことに、俺はすでに大人になり、その手の虫を平気でつかめる感覚は失っていたので、おそるおそる近づいてみた。食われた葉の下に黒いフンが落ちていた。やつがいることは確かだった。こわいのは発見の瞬間である。隠れていたイモ虫を見つけてしまう瞬間は、ゴキブリが動き出した瞬間とほぼ同レベルでおそろしい。見つけるのはこっちなのに、なぜか「いっぱいくわされた」という感じがあるのがまた悔しい。相手にはくわせる気などまるでない。隠れたままでやり過ごせればそれでいいのである。

さて、不思議なのはここからだ。イモ虫の野郎はどこにもいないのである。先端に数枚しかない葉のあちらこちらを見たが姿はなく、ならば茎だろうかと念入りに見るのだがそこにもいない。しまいには茎をジョウロで叩《たた》いてみたが、何が落ちるわけでもない。

奇怪きわまりない事態である。まさか横のムクゲに……と思ったが、そちらを担当しているのはアブラムシの大群だった。ならばやはりイモ虫は、自分の当番たるダチュラ処理に専念しているはずである。だが、いない。気味が悪かったが、その日はあきらめて部屋に戻った。

そして、今日……。ベランダに出ようとした俺は足がすくんで動けなくなった。ダチュラの葉が、芯《しん》だけを残してすべて食われていたからである。背筋が凍った。いくらなんでも早過ぎるのである。相手がそうとう大物でなければ起き得ないことが、目の前で起こっていたのだ。俺は蛮勇をふるってサンダルをはき、遠目でじろじろとダチュラを見た。しかし、またもやつは姿を消していた。大量のフンだけが残っていた。

食っては隠れ、隠れては食う。そんなイモ虫は聞いたことがなかった。たとえ隠れたにしろ、大好物からは離れないというのが虫風情《ふぜい》の知恵の足りないところなのである。ところが、俺のベランダに現れたダチュラ・イーターは虫らしからぬことをやってのけ、葉という葉を食ったのちに、どこか信じられないような場所にひそんでしまうのだ。

嫌がらせといえばこれ以上の嫌がらせはない。葉を食われただけでも悲しいのに、やつは例の「発見の恐怖」を常に俺に持たせたまま、いっこうにその存在を現さないのである。

俺はあやうく震え出しそうになりながら、まだ無事な河内さんの鉢を遠くに移動させた。やつはすでにそちらの鉢にひそんでいるのかもしれなかった。土中に忍び入っていて、いきなり飛び出てくる可能性もあった。あるいは、ぽとりと頭の上に落ちてくることも想像された。パタパタとカラスめいた嫌な羽音をさせて、考えられないような場所から襲いかかってくるかもしれなかった。やつはただのイモ虫ではないのだ。虫を越えた生命、毒を持つダチュラさえも食ってしまう怪物なのである。

ひょっとして……と今俺は考えている。『ゴドーは待たれながら』の中にも、マンダラゲの実がいつの間にか食われてしまっているシーンがあるのだ。弥勒のようでもあり、キリストのようでもあり、宇宙飛行士のようでもある主人公ゴドーは、近くに誰かがいるのかもしれないと思い、あるいは自分が食ったのかもしれないとも思う。じきに、ゴドーはあたかも猛毒にあたったかのように動けなくなり始め、「行こう」とつぶやいたまま舞台は暗転する。

とすれば、食ったのは虫ではない。弥勒か、キリストか、あるいは俺自身が食ったのだ。救世主もしくはこの俺は、黒くて小さなフンをするような存在ということになる。

待っているのは救いか毒死か。

そうでなくても、イモ虫の発見だ。

俺のベランダは今、大変なことになっている……。

◆BOTANICAL LIFE◆

DO YOU BE-LIVE IN FLOWER POWER?

1997年11月

(November)

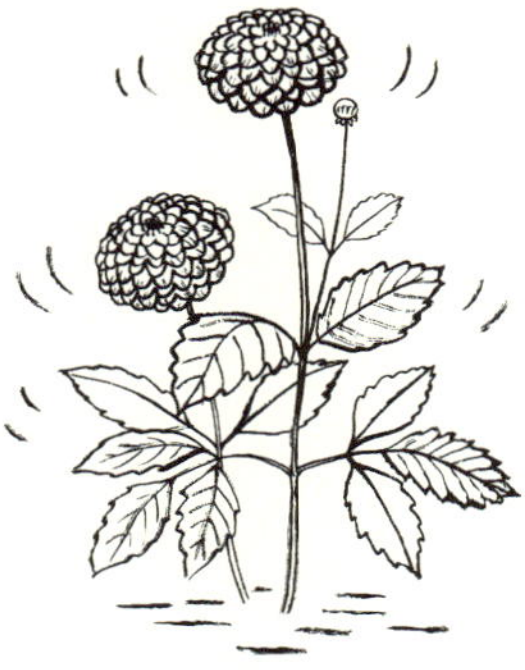

DO YOU BE-LIVE IN FLOWER POWER?

◆BOTANICAL LIFE◆

十一月のベランダ

［1997・11・11］ダリアの緊急治療

今年のぼさ菊は去年よりもまとまった形で咲いた。

結局水やりと肥料に気を遣っていただけで、どうボサボサしようがかまわなかったのだが、そこはやはり放任主義家庭の子供である。十月の終わりから十一月中旬まで、やつは全体としてなんとか球状に見える格好でたくさんの黄色い花を開かせたのである。

あるいは、俺が不格好に慣れてしまっただけだろうか。

ベランダではシャコバサボテンも蕾《つぼみ》をつけ始めている。去年の苦労が身にしみて、今年は短日処理をしないつもりでいたが、やはりシャコバもぼさ菊同様その放任を肌で感じたのか、勝手に大きな蕾を赤く染め出したのである。

だが、すべてが放任でいいというわけではない。ふと見れば、弱り切ってしまった鉢どももおり、俺の救いを待っていたりする。

以前ダリアを買った。ベランダに置いてやったのだが、花はすぐに弱り、しぼんでしまった。養生のために室内に取り込み、やがてそいつをベランダ送りにした。外の風でも浴びて野性を取り戻して欲しかったのだ。

幸い茎がひょろひょろ伸びてきた。これならよしとばかりに俺はダリアにたっぷり水をやり、放っておいた。ところが、みるみるうちに伸びた茎がしなって蛇状になり、鉢の外に首をもたげ始めた。野性というよりは、青白い顔をしたノッポの病人である。実際、茎は細く、色も薄くなってしまっている。

こうなると俺はいったん興味を失う。なぜだかわからないが、力なく伸びた茎というものに根本的な嫌悪《けんお》があるらしいのだ。これで先に花でもつけていれば、逆に「なんという頑張り屋なのだろう」と愛をほとばしらせることも出来る。だがしかし、なんの成果もなくひょろひょろし、しかもぐんにゃりしてへたばっている輩《やから》が俺には許せないのである。

それでダリアは「あっても、ないような感じ」の鉢に成り下がった。もちろん水はやる。だが、その際にも俺は確かにそこにある鉢をないもののように扱っていた。ありもしないものに水をやっている感じ……。

おかげでダリアは弱った体を鉢の外に伸ばしながら、つらい秋を迎えつつあった。

だが、昨日、ダリアは俺に発見し直された。俺は突然、「ないはずのものがあった」ことに気づいたのである。

おそらく、俺はベランダに冬の到来を感じたのであった。どの鉢を室内に取り込み、どの鉢を寒風にさらすか。その判断はベランダーを緊張させる。時期や種類を間違えたら最後、鉢は死んでしまうのだし、つくはずの花もつかなくなるからだ。さらに枝の切りつめやら肥料の最終確認など、冬の前にしておくことは多い。

その緊張感あふれる選択の中で、ぐんにゃりダリアは唐突に俺の目の前にあらわれたのだった。こいつはどうしたことだ！　俺は心の中でそう叫びさえした。これほどまでに弱り、よく見ればわけのわからない虫にたかられて白茶けてきているダリアを、なぜ誰も助けてやらなかったのだろう！

俺はその非情な男を責めた。その怠惰を責め、無知を責め、しかし周到に憎まずにおいて、救いの手を差し伸べようとしている自分だけを愛した。ようするにダリアは俺の自己満足のためだけに発見され、救われたのである。

俺はベランダの隅っこにあったダリアの鉢を部屋からよく見える場所に移し、添え木を数本あてて茎をまっすぐにした。この間、わずか四十秒であった。次に俺は肥料のアンプルを取り出し、先を歯でちぎった。中の肥料液が少し口の中に入ったので、まるで西部劇の主人公が噛《か》みタバコを吐くような感じで吐き捨てた。

普通にハサミで切れば、人間たる自分に植物の肥料を与えるような馬鹿《ばか》をしなくてすんだのだが、俺は手早い看護をする自己に陶酔していた。すぐさま、防虫スプレーをかけた。風が吹いてきて、かなりの量が俺の体にかかった。しかし、なにしろ相手は緊急患者である。どんなことがあっても、俺は耐えなければならなかった。

さらに、枯れてへばりついた葉をむしった。むしりついでに健康な葉もむしっていた。事態がさし迫っている以上、その程度のことは許されるべきであった。

こうして、たった三分ほどの間に、ダリアは完全なる治療を受け、ベランダの中で最もいい場所に立つことになったのである。

俺は今もダリアを見ている。常に監視出来る場所にある以上、二度と茎をへたばらせ、わけのわからない虫に痛めつけられることはないはずである。そんな憂《う》き目にあっていたダリアを俺は救い、冬を越させてやる気概に満ちている。

だが、それでもひょろひょろのままならば、やつはまた「あっても、ない」鉢として不遇の生涯を送ることになるだろう。

月下美人

［1997・11・23］

徒長の怪物

月下美人とのつきあいも長くなってきた。多くの男たちと同じく俺もまた、それがサボテンだと知らぬうちから、甘い幻想を抱いていたものである。

他に男心をくすぐる花の名前といえば虞美人草《ぐびじんそう》。こう書いてみると、しょせん俺は「美人」というところに反応しているだけである。まったくもって、なんの詩的センスもない。

せめて女郎花《おみなえし》とかイヌノフグリとか、はたまたユキノシタとか、そういう名前に心ひかれたりするひねりがあってもよさそうなものだろう。

しかし、こういった方面に関して俺にひねりはない。その手の微妙な趣きはどうでもよく、虞美人草、月下美人と非常にはっきりした主張にのみ気持ちを差し向けるのである。なにしろ、みんなが美人だと言っているのだから、基準はクリアしているはずだ。見て損はなかろう。

そう思った俺が早くから月下美人を家に招き寄せていたのも当然のことといえる。

俺はある日なじみの花屋に入り、「月下美人ありませんかね？」と聞いたのだった。以前よく花屋の店先で月下美人を目撃しており、いつか買わねばならないと心に決めていたのだ。

だが、いかんせん置き場所に困っていた。あいつは丈が高くないと格好がつかない。身長三十センチの美人もあるまい。

それがいい場所を見つけた。窓際《まどぎわ》のコーヒーをどうにかこうにかずらせば、腰くらいの高さのタンスの上に直径二十センチほどのスペースが生まれるのである。

このへんの機転が、つまりは都会の園芸家の腕の見せどころだ。植物に与え得る面積をどのように広げていくか。もはやベランダーの至上命題といってもいい。

ともかく、俺はいそいそと花屋に行き、そこに月下美人があるかどうかを聞いたのだ。すると、花屋は店の脇《わき》の物置きから月下美人を出してきたのだった。季節外れになってしまい、葉のあちこちからひょろ長い新芽を出している売れ残りの月下美人……。

果たしてそれを美人と呼んでいいのか、一瞬俺は迷った。なにしろ、相手はホコリをかぶり、泥をかぶっている。昔からメガネを取ると美人というヒロインは多いから、その手合いかと思うとそうでもない。ワカメのように長く伸ばした手足の表面からブツブツ飛び出しているのは、根づまりから起こる虫っぽいトゲトゲである。生意気に伸びた新しい葉はあまりにも細く長く、まるで弱ったカメレオンの舌だ。

怪物である。それはまさしく、美人の時を過ぎてしまった怪物そのものなのだ。だが、それが花を咲かせる日を俺は夢見ていた。夜の闇《やみ》の中で、うつむきがちの白い大きな花びらをほころばせ、朝になると眠り込んでしまう美人。薄い葉をぐんぐんと伸ばし、天に届かせようとする美しき植物。俺はその夢にひたりきり、思いがけず安く売ってくれた月下美人を持って花屋を出た。

ところが、俺の家に来た怪物はワカメ的な葉を伸ばすばかりで花などつけなかった。その間、やつの怪物的な容貌《ようぼう》は次第に凄《すご》みを増した。新芽はびゅんびゅん伸び、細長いままで葉になった。伸びたままならいいが、自分で責任を取らずにうなだれたりする。長いもので一メートル弱の葉もあった。それがうなだれてみたり、トンチンカンな方向目指してばく進したりする。実験で謎《なぞ》の光線を浴びた動物のような気がしてきた。

俺はとうとうそいつを窓際から移動させた。怪物のわりに暑さに弱いというキャラクターもあって、書斎がやつの新しいすみかとなった。そう強く日もささないが、その分一日中薄暗い部屋である。風通しがもうひとつなので、怪物の蒸れ具合が気になった。もしも腐ったら化け物以上に恐ろしかった。

幸い、月下の怪物は腐ることはなかった。いや、正確にいえばあちらこちらが黒ずんだのだが、怪物にしてみればたいしたことがないだろうというのが俺の判断である。そんなことごときで怪物が倒れるはずもない。

しかし、うなだれる葉はてきめんに多くなった。体じゅうから飛び出した細長い葉が四方八方にしだれていた。どうやら怪物はがっかりしているようであった。一人で暗い実験室に入れられ、暴れる気も失《う》せたという感じである。だからといって、元の位置に戻すことは出来なかった。その位置にはすでに新しい鉢植えが鎮座していたからだ。

こうして、怪物は今もひっそりと俺の書斎に潜んでいる。正直なところ、俺は近頃すすんで書斎に行く気がしない。おっくうというか、どうも雰囲気が暗いのだ。つまりそこはもう書斎などではなく、静かにメタモルフォーゼを遂げていく化け物の洞窟《どうくつ》、奇怪なモンスター・ハウスである。

月の出る夜は特におそろしい。何本もの手足を持った怪物が、突然のそのそと動き出すような気がするのだ。

◆BOTANICAL LIFE◆

DO YOU BE-LIVE IN FLOWER POWER?

1997年12月

(December)

DO YOU BE-LIVE IN FLOWER POWER?

◆BOTANICAL LIFE◆

アマリリス　クリスマスの新しい愛人

［1997・12・25］

一年前の今頃、俺はアマリリスに対するその強い愛を告白したのだった。してしまった以上は責任を取ろうと思った俺は、咲き終えたアマリリスの鉢をそれはそれは大切に管理し続けてきた。根腐れに気をつけながら水をやり、まぶしいくらいの太陽に当てて彼女の健康を願ってきたのである。

三株あったアマリリスはそれぞれ厚い葉を遠慮なく伸ばし、もはやサーベルそのものではないかと思われるほどの長さにまで成長した。夏、成長の過程で一株は倒れた。みるみるうちに葉を茶色にし、古いＳＦ映画で死んだ宇宙人が消え去るような調子で、その茶色い葉は縮み、やがて跡形もなくなった。

だが、俺はさほど傷つかなかった。他の二株から出た葉はそれ以上ない元気さで日を受けて光っていたし、鉢ひとつで単体のアマリリスだと認識していた俺にとって、一株が消滅したことごときは女の肌から硬化した角質が取れたくらいの瑣末《さまつ》な事象に過ぎなかったのである。

角質ならどんどん消えるがいい。そして、より美しく咲け、アマリリスよ。

俺は心の中でそう叫びさえしたものだ。

ところが、うっかりしていた。あまりの健康さで葉を伸ばすアマリリスに見ほれるあまり、俺は今年の花を咲かせるための用意を何もしていなかったのである。

いや、肥料はやっていた。なにせ、相手は結婚してもいいと思わせるだけのアマリリスである。金に糸目をつけるわけにもいくまい。したがって、俺は葉の様子を見ながら、ここぞと思う時に置き肥《ごえ》をやった。なんというか、あたかも玄関にそっとプレゼントを置くようにして、俺はアマリリスの歓心を買おうとしたのである。あるいは、愛に乾いているなと感じられるその瞬間、俺は酒でも飲ませるようにアンプルをさしてやり、どこが耳もとか判然としないまま彼女に甘い言葉をささやきかけてきたのだ。

だが、これこそがオヤジ心というものだろう。俺はやつを甘やかすばかりで、厳しい世間の風にさらすことをしなかった。つまり、球根を掘り上げてやり、しばしその成長を止めることで自己の人生を熟考するべく導いてやらなかったのである。

おかげで、アマリリスは手足ばかりを宙に伸ばし、身長だけが大きい女になってしまった。他人の前でどのようにふるまうべきかを忘れ、ただいたずらに飲食のみにふけり、毎日を寝て暮らし、いつの間にか自身の内部にあった生命力を美に転換する魔術を忘れてしまったのだ。

おお、なんということだ。ベランダー界のロジェ・バディム監督を名乗り、数々の美女を育ててあげてはスクリーン（この場合のスクリーンは出窓に取り付けてあるスクリーン型のカーテンのことである）で花開かせてきたこの俺が、最も入れあげていたアマリリスをただの田舎くさい女にしてしまった……。

俺は自分のいたらなさに涙した。連日ベランダに立ち、まったくもって健康第一、それしかないアマリリス嬢の姿を見てはため息をもらした。お前から美を奪ったのは俺だ。来年こそは、来年こそはお前に世間の厳しさを教え、必ずやカムバックさせてみせる。俺は唇をかみ切るほどの勢いで悔恨の情に我が身をゆだねた。

そうやって、この十二月を暮らした俺は、しかし一方で花屋に並ぶアマリリスに目をつけていた。いや、買うわけにはいかない、これは別の女だ……と最大の自制心をもって対処しながらも、冬をアマリリスなしで過ごすわけにはいくまいというあけすけな欲望にも駆られた。

そして、三日前、俺は手をつけてしまったのである。たった一株しかない鉢にしたのは、やはりどこかに罪の意識があったからだろう。

困ったことに、新しいアマリリスはその日の夜から女優活動を始めた。天に向かう二つの蕾《つぼみ》がまず左右に割れ、それぞれが色づき出した。中央には続く蕾の片鱗《へんりん》があった。次の朝には色づいた蕾がもうふくらんでいた。あたかも水しぶきを上げる鯨のようなフォルムで蕾はしなを作っている。その時点で美しさは決まったようなものだった。

ベランダには田舎娘がいた。俺の庇護《ひご》を受け、しかしそのせいで筋骨隆々とした容姿となって、しかも部屋の中で暮らし始めた新しい女の活動に気づいてもいない。不憫《ふびん》だ。これはあまりにも不憫だ。

そう思いながら、さっきも俺は田舎娘に水をやったところである。あろうことか、俺は田舎娘の前に立ちはだかってジョウロを持っていた。やつから部屋の中が見えないような角度に立ち、いつもと変わらぬ表情を装《よそお》っている俺は不実な男であった。

アマリリスは俺のボタニカル・ライフに三角関係を持ち込んでしまったのである。

金のなる木

［special 2］

小さな死者の復活祭

今回書きたいのは、「復活の鉢」と名付けた小さな容《い》れ物にまつわる話である。直径十センチ、丈は五センチほどの陶器の鉢。その小さな小さな世界はしかし、俺になんともしれない喜びを与えてくれている。

そこには今、二種類の植物が根を張っている。ひとつは「金のなる木」の先端の四つ葉。それが三つ。いつまでも背を伸ばさない形ながら、ゆっくり葉を厚くしていく。

元々やつらはベランダの排水用のミゾに落ちていたのだった。あれこれと鉢を置いておくと死んだ葉がミゾにたまる。まして独り者の俺だから、得体のしれないホコリがその落ち葉にからまり、白茶けた塊となっていたりする。決して不精ではないのだが、その手のゴミはついつい見過ごしがちになる。

だがある日、ミゾを完璧《かんぺき》に掃除しようとビニール袋を持ってベランダに出、塊をつかむと中にやつらがこっそりと潜んでいた。大きな「金のなる木」から落ちた葉が、なんと時たま降る雨の水分だけを吸って生き伸びていたのだ。小さな葉は、小さいなりに我が身を守り、根づく場所さえ見つけられずにゴミの塊の中に混じり込んで時を過ごしていたのである。

俺は大急ぎで例の鉢を選び、やつらを土に触れさせてやった。そもそもそれほどの水分を必要としない「金のなる木」だけれど、俺は毎日土に指を突っ込み、少しでも乾いていれば水をほんのわずかずつ浸《し》み込ませた。

こうして、ゴミの奥で危機をやり過ごしていた小さな四つ葉たちは、新しい家で安らぎ、ゆるやかな成長を始めることとなった。

青い小鉢には、例の「死者の土」を使ってあったのだった。そこがこの話のポイントである。なんと、半年も経《た》ったその小鉢の土から先日、赤紫色のサボテンが顔を出したのであった。これには俺も度肝を抜かれた。実は、昔ペルーだかスペインだかに行った時、サボテンの種というのを買って来ていたのである。なんだかほやほやしたヒヨコの毛みたいな形だったような気がする。

当時、俺はその種とやらを多肉植物用の土の中に埋め込み、芽が出るのを待ったものだった。だが、サボテンの野郎、いっこうに姿をあらわさない。水をやってみたり、水やりを控えてみたり、いわば押さば引けの心得で俺はサボテンの種と格闘し続けた。

そして、とうとうあきらめた。戦いは数カ月を要したと記憶する。長い戦闘ののち、サボテンは城ごもりに成功し、俺は持久戦に耐えきれずに全面降伏を決定したわけである。

サボテンの種を抱え込んだ土は、習慣として「死者の土」に混ぜられた。そして、年月を経て小鉢の中へと盛られたのだった。すると、うんともすんとも言わず、死亡届けを出されていた種が、驚くべきことに「金のなる木」の隣人として思いもかけない時期ににょっきり顔をだしたのである。

あたかも捨てられ、見離された者同士が互いを励まし合って成長するようにして、「金のなる木」とサボテンはひとつの小鉢の中にいる。植物の不思議な生命力を見せつけるようにして、いわば命のサンプルとしてやつらは青い陶器の鉢、「復活の鉢」の中に収まっている。

やつらを見離し、放っておいた者としては、わずかに心が痛む。だが、それ以上に俺はやつらのタフネスに勇気づけられ、今日も腰をかがめては、そののんびりした成長を確かめ続けているのである。

野梅

［1997・12・31］

病み上がりの思い出

ひどい風邪をひいてしまった。四十度の熱が続いて、俺は年末をベッドの中で過ごしたのである。

ようやく熱がひいても頭がクラクラし、足元がおぼつかない。おぼつかないながらもベランダの様子を気にかけるあたりがベランダーの性である。

ありがたいことに、買ったばかりの野梅の鉢がいい仕事をしていた。盆栽まがいの形をした丈二十センチほどの梅の木。そいつの曲がりくねった体のあちこちに小さな白い蕾がついていたのだが、中の三つばかりが咲き始めていたのである。

開ききらずに、どこかつつましく内側を向いたままの花。梅は内省的である。ひとつひとつの花が各々《おのおの》何かを考えている風情《ふぜい》がある。その自己内省的な花が寒風吹きすさぶ中でほころんでいる姿は実にいい。

俺は病み上がりの体を冷やさぬよう気をつけながら、サンダルをはいてベランダに出る。そして、咲いたばかりの梅の花に顔を近づける。風邪のせいで鼻はきかない。

きかないが花びらの柔らかさは俺を陶酔させる。

小さい頃、毎年母の郷里へ行ったものだった。庭には四メートルほどにたわめられた梅の木があった。そこに梅の実がつくと、母たちは色めきたったものだった。俺も小さいながら実を採った覚えがあった。信州では、その梅をつけて食用にするのだが、梅干しと違ってカリカリしたままで漬けるのである。それで「梅漬け」と呼ぶ。

俺は物心つくまで、あまり物を食わない子供だった。好んで食うものといえばその梅漬けだけだったというのが叔父や叔母の思い出話の中心で、だから俺は母の郷里に行くといつでも梅漬けをふるまわれた。大きな梅の実が紫蘇《しそ》で赤く染まっている。歯を当てて噛《か》むとカリリッと音がして、酸《す》っぱい汁がこぼれ出てくる。さらに果肉をカリカリ噛む。それだけで食欲がわいてくる。

今年、久しぶりにその母の郷里に行ってみた。離婚してからなんとなく足が遠のいていたのだが、義理の叔父が山で亡《な》くなり、その法要に出席したのだった。母には姉が二人おり、従兄弟《いとこ》にも女が多かった。幼い頃の俺はいつでもその女社会の中にいて、みんなにかわるがわる育てられていた。母の郷里に行くと、誰が母親でもおかしくないような気になった。セミを取りに出かければ、木の陰に叔母がいた。アイスクリームを頬張る廊下にはちょこんと正座した従兄弟の女性がおり、俺を見ていた。どこにいても、俺は誰かの視線の中で守られていた。今では甘い記憶である。

たぶん、体が弱っていたからだろう。俺はそうやって無意識に、自分が完全に庇護されていた身体的な記憶を取り戻そうとしていた。安心感を幻想として取り戻し、安らいでいていいのだと言い聞かせようとしていたのである。ほんの小さな梅の花が俺をそうさせていたことが驚きであった。たった三つの内省的な白い花が、俺を導いていたのだ。

植物はついに叔母たちのかわりに俺を守ろうとし始めている。熱の残りが痛みとして居座っている頭の奥で俺はそう思い、今ではすっかり背も曲がり小さくなってしまった叔母たちの姿を梅の花に重ね合わせながら、なるべく静かに窓を閉めたのだった。

BOTANICAL LIFE

DO YOU BE-LIVE IN FLOWER POWER?

1998年1月

(January)

DO YOU BE-LIVE IN FLOWER POWER?

BOTANICAL LIFE

一月のベランダ

［1998・1・21］　苦肉の西向き

引っ越しについては前にあれこれと書いた。ベランダの植物たちのために、俺は住みやすい物件をあきらめ、あれからも日夜新しい部屋を探し続けていたのであった。それが去年の秋頃から切実な問題になってきた。階上の大家の部屋から、はなはだしい騒音が響いてくるようになったのである。まず子供がバタバタと駆け回る。時には空中を舞い、どしんと音を立てる。椅子《いす》は必ず引きずられる。これは子供に限らないから、夜でもギイイと嫌な音に耐えなければならない。きわめつけは大きなスーパーボールらしきものを規則的に床に叩《たた》きつける行為である。

しかし、相手は大家である。なんとなく苦情も言いにくく、どうしようかと悩んでいるうち、騒音はなお一層ひどくなった。子供はなぜか家にこもりがちで、外で遊ばない分、家の中を全速力で走る。しまいにはこちらの部屋が揺れることさえあった。フローリングというのも考えものだなどといらだちを別な方向に持っていくことも、もはやままならなかった。何が高級マンションだ、馬鹿野郎《ばかやろう》という気持ちがたかまり、いつ怒鳴り込んでやろうかと日々身構えた。

だが、それが出来ない性格なのである。丁寧な手紙でも書こうかと消極的になってみたり、耳栓をして寝たりしながら(子供は朝が早いのである。しかも、朝一番は猛然と走りたくなるものだ)、俺は悶々《もんもん》とした毎日を送った。

早く引っ越したかった。もう物件について夢のような注文を出すのはやめようと思った。浅草ならどこでもいい、一刻も早く引っ越そう。そう思った俺だったが、決意を固めた次の日にストレスで神経がいかれた。電車に乗っていると突然汗が出てきて動悸《どうき》が激しくなり、めまいとともに吐き気が起きた。家にいても同じ状態に襲われた。パニック性障害に似ていた。

ところが、地獄に仏とはこのことである。その日、不意に気に入った物件があらわれたのである。浅草寺《せんそうじ》が丸見え、遊園地丸見え、隅田川の土手も見えるという部屋。俺はすがるようにしてすかさず契約を交わした。すぐに越すための手はずも整えた。

俺はこうして糞《くそ》いまいましい世田谷を去り、天国のように燦然《さんぜん》と輝く下町に舞い戻ることとなった。だが、ひとまず安心してみると植物どもが気がかりになってくる。まず、ベランダは西向きなのである。しかも、これまでより若干狭いのだ。俺が神経症で倒れるよりはましだとはいえ、今まで以上に工夫が必要とされてくる。

幸い、三方が窓だから光と風は十分である。風呂《ふろ》にも台所にも小さな出窓がある。あれをここに置いて、これをあそこに吊《つる》してと今俺は間取り図を見ながら植物大移動計画に余念がない。

とは言いながら……結局かなりの鉢を処分することになりそうで俺は弱っている。置き場の問題というより、引っ越し屋の気持ちを考えてしまうからだ。一本ひょろりと草が出ているだけのバジルやら、にんにくだの葉ネギだのどうでもよさそうな植物を植え込んだやたらに大きな鉢、あるいは枯れてしまった蓮《はす》の復活を心貧しく待たれている泥の塊。そんなものを丁寧に運ぶ青年たちのことを想像すると、ひどく心が痛んでくるのである。

嘘《うそ》はやめよう。

俺の無意識はようするに、この機会を利用して捨てられずにいた鉢を整理しようと考えているのである。咲かなくなった胡蝶蘭《こちょうらん》を葬送し、拾ってきたのはいいがもうすっかり葉だけになったオンシジウムを再びゴミ集積場に置き去りにし、いまや単なる枯れ木同然のローズジャイアントに別れを告げ、数々の鉢から集められて肥料を混ぜ入れられた大量の「死者の土」をゴミ袋に入れて、新たなるボタニカル・ライフを始めようと画策しているのだ。

引っ越す部屋の近くに、東南角部屋でベランダ二面という物件があった。かつて、たった一日の差で俺はそこを逃した。時間さえあれば、俺は新たなるボタニカル・ライフにうってつけの部屋を探し続けていたかもしれない。

しかし、こんな状況のもとでは悠長なことも言っていられない。俺の精神の安定のために少し狭いベランダが選ばれてしまった以上、愛する鉢どもには我慢してもらわなければならないのだ。捨てられてゆく者よ、どうか俺を許してくれ。恨むなら階上の大家を憎み、その蔓《つる》でやつらをつかみ、その葉音でやつらの安眠を奪い、その花粉でやつらの鼻の穴を覆《おお》うがいい。

とか言ってるが、いざとなったら全員連れていきそうな気もしている。

その男［1998・1・31］　さらば、友よ

その日、俺は仕事の合間を見て、枯れてしまった蓮の容器、つまりプラスチックの漬け物桶《おけ》から泥をすくい上げていた。見たこともない雑草が数種類生え出ている真っ黒な泥は予想外に重かった。死んだはずの蓮が縦横無尽に細い根を張っており、シャベルを突っ込もうとしても頑強に抵抗する。

根を切りながら泥をすくい取ろうとするのだがその粘り強さといったらなく、煙草《たばこ》をくわえて余裕を見せていた俺の手はいつしか真っ黒になっていた。シャベルを突き込む度、しゃくり上げる度、俺は考えもしなかった力を使い、息を切らせた。

両手についた泥はすぐに乾き、また新しい泥を呼び寄せる。そして、俺はついに蓮の生きていたその土地の上に煙草を捨て入れた。もはや手を使うことも出来ず、首から下げていた携帯用灰皿にしまい込むこともままならずに、唇から直接吹き飛ばしたのであった。次々に泥を掘り上げる作業の中でいらだった俺にしてみれば、それは当然のことと言えた。

だが、途端に黒い泥の様子が変わった。いや、俺の意識こそが変わったのだった。土地はたとえ漬け物桶の中の泥であっても、それは蓮の神聖さが息づく土地だった。土地は豊饒《ほうじょう》で知らぬ草を産み出し、俺を脅《おびや》かしさえしていた。その土地へと俺は煙草の吸い殻を捨て、しかも急ぐようにして何度も何度もシャベルを突き立てながら泥を掘り返している。

俺はつまり神域をブルドーザーで破壊しているようなものであった。そして、悲しいことにその神域は煙草ひとつで聖性を失ってしまったのだった。一瞬にしてそこはただの泥の塊になり、俺は聖なる場所の情けないほど早い変化とそれを引き起こしてしまったことそのものがいらだたしくて、凶暴な工事人夫になりきり、何かを殺すようにシャベルをふるった。

コンビニのビニール袋で幾つ分あっただろうか、泥をすくい終えた俺は茫然《ぼうぜん》としながら腰を伸ばした。頭の中になぜかあの男の姿があった。このベランダで植物を育て続けていた日々、俺は何度もその男の姿を見た。遠いビルの何階かに住む六十前後の男だった。夏はステテコ姿で自分のベランダに現れ、冬は丹前をはおって鉢どもに水をやる知らない男。

俺たちは互いにベランダに立ち、それぞれを意識し合っていた。どちらかがどちらかの存在に気づくと、どちらも気恥ずかしさで部屋の中に戻った。真夜中にベランダを見ていると、暗い闇《やみ》の向こうにその男がいたこともあった。やつもまた夜の花に心を奪われていたのだった。

ふた回りほども上のその男は、言葉を交わしたことのない同志だった。我々は互いに狭いベランダにいて植物に目をかけ、何か小さな神秘に触れてはその場に立ちすくんできたのだ。それぞれを煙たがりながらも、俺たちは背中で語り合ってきた。で、そっちはどうなんだ？

蓮の聖域を壊し去り、土のすべてを白いビニール袋に分割し終えた俺は、本当になぜかその同志の姿を思い浮かべていた。そして、驚くべきことに、いや俺の予感通り、その男は遠いビルのベランダに立っていたのだった。いつものように目を伏せて自分のベランダを眺め回すような格好をしながら、しかしやつは確実に俺を見ていたのだ。

さらば、友よ。

俺は親であってもおかしくない年齢の同志に向けて頭を下げた。それは落とした物を見るようなかすかな動きに過ぎなかったが、やつが意味を取り違えるはずもなかった。擦りガラスを張った俺のベランダを見ていれば、しゃがみ込んだ俺が何をしているかくらいはわかるはずなのだ。

少しずつ整理されてゆく鉢を見、土を捨て始めた人間を見て、同志はそのベランダに何が起こるのかを理解する。ベランダーは去り、またどこかのベランダで新しい植物生活が始まるのだ。俺たちは都会の狭い空を見ながら、必ずあちらこちらのベランダに目を向け、そこで営まれるボタニカル・ライフを把握する。鳥には鳥の世界があり、虫には虫の視界があるように、俺たちベランダーには俺たちだけの空間が存在している。

だから俺は、最もよく俺のベランダを見てきた同志にこの文章を捧《ささ》げたい。

植物の聖域を侵した俺は、またどこかで新しい場所を造り出す。同志の知らないベランダでまた俺は種をまく。

さらば、友よ。

◆BOTANICAL LIFE◆

DO YOU BE-LIVE IN FLOWER POWER?

1998年2月

(February)

DO YOU BE-LIVE IN FLOWER POWER?

◆BOTANICAL LIFE◆

レモンポトス
［1998・2・24］

受苦の聖者

レモンポトスをトイレに置いた。今度のベランダは少し狭い上、前のように擦りガラス式ではないので様々な工夫が必要なのだ。

もちろん、都会の植物主義者にとって、その工夫は喜びのひとつである。あれをこう置いて、これはあっちで我慢してもらってとほとんど家具の配置よりも熱い情熱を傾ける。

ベランダ事情が厳しいのと飾り窓がない分、三方向から日が入るので窓際《まどぎわ》は大変な混雑である。カーテンが短かったのを幸いとして、俺はまず南向きの窓の前にびっしりと鉢を置いた。人間様は夜寒いが、植物どもは俺が眠っている時間から太陽の恩恵を受けることになる。これは見逃すわけにいくまい。

去年からしまっておいたヒヤシンスの株や寒咲きクロッカスの株がすべて土に戻され、今その太陽最前線に鎮座している。調子に乗った俺は小さな鉢にルッコラや紫蘇《しそ》の種までまき、隣に安置する始末だ。近くの丸テーブルの上にはバナナ、コーヒー、つい三日前に買ってきた西洋シャクナゲが並んでいる。

南向きの窓は他にもあるから、俺はちょうどいい丈の家具を配し、その上に様々な植物どもを整列させた。西のベランダには残党が陣取り、少々の悪条件に負けじと歯をくいしばっている。

そして、北向きの窓際だ。ここにはミントやら何やらと強い意志を持った小隊が駐屯している。さらに風呂《ふろ》の小窓には花の気配が皆無のラン一味。さあ、残ったのがトイレであった。俺はあれこれと迷ったあげく、ついにレモンポトスをその任にあたらせたのである。

こいつはやたらに育っている。前の部屋にあった時は伸びる茎の処理に困り、カーテンレールを伝わせたりしていたものである。それでもやつは成長をやめず、部屋を支配しようという野望を感じさせたくらいであった。その恐ろしい進軍については、別な場所に書いた。

わずか直径十五センチほどの鉢から、ポトスは異常な数生まれ出て、しかも長く伸びている。したがって、俺は相当の空間をそいつに与えなければならなかった。だが、花も咲かないくせにニョキニョキやられても閉口する。こちとら都会の狭い不動産に余儀なく住んでいるのだ。楽しみのひとつも与えない輩《やから》に場所ばかり取られても迷惑なのである。

そこでトイレ行きが決定した。言っておくが、これは観葉差別ではない。何よりやつは悪環境に強く、しかもそこなら壁伝いに勝手な進軍が出来るのである。なにしろ俺はやつのために茎をあらゆる物に引っかけ、領地を増やしてやったのだ。むしろ、ポトスは自分だけの王国を確保したも同然であった。なんなら便器に首をもたげて自ら肥料を獲得することも可能である。水がはねたら、即座にそれを吸収することもやぶさかではなかろう。めでたし、めでたし。そう思って、俺は日々を暮らした。

ところが、昨日のことである。俺は人間ドックに行くために、便器の上で前後を反転させなければならなくなった。あまりに短い説明なので、わけがわからないだろう。要するにまず検便をする必要に俺は駆られたのだ。さらに検便の説明書によれば、西洋式便器の使用者はいつもなら尻《しり》をむけている方向に顔をむけなければならないのであった。便が水の中に落ちてしまわないようにという便宜らしい。擬人化されたカワイイ大便が便器のフタを抱えるイラストがむやみにしゃくに触ったが、俺は仕方なくその糞野郎《くそやろう》の指示に従った。

だが、俺は検便に集中する気持ちになれなかった。目の前に垂れ下がったポトスの葉の裏を、俺は初めてまじまじと見ることになったからである。以前にもそこは見ていた。だが、心の目は及んでいなかったらしい。

ポトスは伸ばした細腕に点々と小さな根を作る。その律儀《りちぎ》な様は承知していた。だが、その根の反対側に出来てくる葉の様子を、俺はなんとなく見逃していたのだった。すでに先へと伸びた腕の中途から、それは出ていた。すでに出来上がった腕から剝離《はくり》するようにして、葉は太陽の栄養を浴びようと頭をもたげるのである。

問題はその葉柄《ようへい》の裏側であった。剝離して出来た葉柄は閉じることが出来ない。閉じようにもそこには腕がある。腕の表皮がむけて、もうひとつの腕が出来ているのだから当然である。だが、そのせいでポトスの葉柄の裏、むけた部分はすべて茶色くなっていた。

傷である。ポトスは自らの腕から新しい葉を生やし、その度に傷ついてしかも癒《い》えることがないのであった。これには俺も息を呑《の》んだ。やたらに生い茂り、憎らしいほどの生命力を発揮してきたポトスが実は傷だらけの戦いを行っているなどとは夢にも思わなかったからである。

俺は検便を忘れた。忘れて下半身丸裸のまま、ポトスを見上げた。しげしげと見れば、どこもかしこも傷であった。どこもかしこも傷で、しかし愚痴る様も見せずにやつは葉を広げている。なんという人生だろうか。いや、人生とはかくあるべきなのではないか！　俺は尻丸出しのまんまでポトスに頭を下げた。あんまり下げるとすでに出終わっている便に尻の先がつきそうであった。

花の咲かないポトス。ただただ強い命を持ち、環境の変化に耐えるポトス。しかしそのポトスの葉の裏はまさに聖痕《せいこん》に満ちており、生き生きとした表情の奥の苦しみにあふれていたのである。

二度とポトスの悪口は言うまい。俺はほとんど涙にくれながらそう決めて、つまようじみたいな形をしたおかしな器具を自分の排出した物体に五度ほど刺し、黙ってトイレを出たのだった。

エアプランツ　不意の贈り物

［1998・2・28］

今もそのエアプランツはある。

小さな噴水のような形の、かさついた植物。いつの間にか株分かれして双子のようになり、鋼鉄の細い棒の上にちょこんと乗っかっている。数年前にもらったものである。

贈り主は身長百八十はあろうかという大男。やつは昔、俺のマネージャーをやっていたのだが、不良あがりでケンカが強く、若い頃からの遊び人だったから、マネージメントをしているというよりほとんど用心棒のような扱いだった。

独立したいと言い出した時も、なんだか新しい組を作りたいと言っているような気がしたものだ。かつての不良のよき部分として、やつは目上の者をきちんと立てることを知っていたし、気遣いもうまかった。それで年上の人間に目をかけられることが多かったのだが、ついに自分の責任で仕事をしたいと言う。俺は喜んで送り出し、やつは苦労しながらクラブなどをプロデュースし始めた。自然と会う機会も減っていった。

そいつが数年前の夜中、突然電話してきたのだった。仕事が順調に行かないんすよとか、家賃が払えなくてとかいう報告が多かったから、おそらく金でも借りたいのだろうと思った。そうでなくては、まさか急に連絡してくるはずもあるまいと考えたのだ。

すると、やつは今から遊びに行ってもいいかと聞く。断る理由もないから、俺は家で待っていた。三十分ほどして車の音がした。勢いよくドアを閉める音が続く。少し乱暴な仕草が想像されておかしかった。やつはチャイムを鳴らし、でかい体を揺らしながら部屋に入ってきた。

しかし、話は要領を得なかった。いくら待っても借金の申し込みはなく、なんとなくの世間話を続けている。貸すような金のない俺は、いつ本題に移るのだろうと構えていたのだが、時間は懐《なつ》かしく過ぎていくばかりだ。

そこへ別の知り合いから電話が来た。元不良はすぐに気をきかせてその場を離れ、窓際の方へゆっくりと歩いていった。丸テーブルの上の鉢植えを眺め、時おり葉を触ったりしている。おかげでこちらは気兼ねなく電話を続け、先客がいたことなど忘れてしまいそうなほど会話に熱中した。

電話が終わると、やつは猫のように静かにするりと元の場所に戻ってきて、またにこやかに話を始めた。朝方になるまで結局金の話は出ず、やがてそいつはお邪魔してすいませんでしたと頭を下げて帰っていった。

こちらはキツネにつままれたような気分だった。しばらく音沙汰《おとさた》のなかった男が前触れもなく現れ、二時間ほど楽しく話をして去っていったのである。わけがわからないまま、俺はやつが眺めていた丸テーブルのあたりまで歩いた。注目された鉢植えが誇らしくて、やつがどこを見ていたのだろうと気になったのであった。

そこに見たこともないものがあった。俺はぎょっとして一瞬あとじさり、それがエアプランツであると合点《がてん》して首をかしげた。買ったはずのない植物がなぜそこに転がっているのか。俺は混乱して、その場にじっと立ったままでいた。どこかの葉から虫が落ちたような具合で、エアプランツはごろりと無造作に存在していた。かわいらしいことに先端に紫色の花がついている。

数秒後、俺は息をのんだ。じわじわと感動が押し上がってきた。その日が俺の誕生日だったことを思い出したからである。

エアプランツは元不良からの贈り物であった。やつは何か贈り物をしようと思い立ち、しかし金のないのに思い悩んで家にあった植物を持ってきたのに違いなかった。最初に電話で聞いた、金に困っているという言葉はその言い訳であり、けして借金を頼もうとしたのではなかったのだ。

やつはすでに車でどこかへ消えていた。俺は窓のカーテンを開け、去っていったはずの方向に頭を下げた。

小さなエアプランツである。

砂漠に育ち、空気から水分を得て命をながらえる乾いた植物である。

そして、俺にとっては大事なひと株である。

ニチニチ草

[special 3]

すべては春のため

冬になると、どうしてもベランダが寂しい。

この二、三年で花屋の店先も変わり、寒い季節にも多彩な鉢が置かれているようにはなっているのだが、だからといってそこで勢い込んで買いまくっていると狭いベランダが冬仕様になってしまう。

冬に咲く花はたいてい冬専門である。寒さに反応して我が身の美しさを誇ろうとするタイプの植物だから、他の季節には黙り込む。調子に乗って冬に鉢を増やすと、あとの季節に寂しい思いをすることになるわけだ。

広い庭でも持っているのなら話は別だが、こちらは都会の中産階級である。面積が限られた中でいかに花を楽しむかにプライドがかかっている。だから、花屋の前で指をくわえて耐えることが多くなる。

しかも、俺は咲き終えた鉢を次々に捨てるようなことは出来ない。たとえ相手が一年草でも、肥料をやって翌年の花を待つ。当然、二年目は花の数が減る。色も鮮やかさを失っており、いかにも調子が悪そうである。だが、だからといって、まだ生きている植物をゴミ箱に投げ入れるなどということがどうして許されるだろうか。

ニチニチ草は結局三年いた。一年目の花の盛りには、そこまでしなくてもというくらい次々咲いた。花の期間も長かった。だが、二年目がつらかった。花は確実に小さくなっており、徒長した葉に栄養のほとんどを取られていたのである。

そして、三年目。俺は自分をだましてわざと水やりを控えた。捨てられないのなら死ぬのを待とうという恐ろしい計略である。俺はベランダ上の家康そのものであった。優柔不断な植物好きなら、この俺の所業を責めることが出来ないだろう。誰でも一度はそういう悪魔的なことをしたことがあるはずである。

だが、ニチニチ草は強かった。兵糧《ひょうろう》攻めに屈することなく、季節外れに花など咲かせたりしながら、なんとしてでも生き延びようとするのだ。こうなると、その花の色の乏しさ、勢いのなさが憎らしくなってくる。花屋には欲しい鉢が山ほどある。ニチニチ草さえ軍門に下ってくれれば、その位置に新しい鉢を置くことが出来るのである。

そのことを知ってか知らずか、ニチニチ草は思い出したように細い首を伸ばし、淡い色の花など咲かせる。憎らしい。だが、捨てられない。ついつい水などやってしまい、後で後悔したりする。時には根腐れを狙《ねら》ってやたらと水をやってみたりもした。ニチニチ草は一瞬喜び、無理な量の水を吸い込んでから俺の戦略に気づいたようであった。にらみ合いが続いた。ニチニチ草の勝ちだった。やつは腐ることもなく、またスクスクと茎を伸ばし始めたのである。

こうして、家康とニチニチ草との心理戦は長く続き、今年ようやく決着がついた。枯れてくれたのだ。俺は複雑な心もちで、茶色くなったニチニチ草を燃えるゴミの袋に入れたものである。

ニチニチ草ほどの粘りはなくとも、冬のベランダには捨てていいのかわからない鉢が幾つか生まれる。しばらくなんの反応も示さず、水をやってもすぐに乾くばかりで手応《てごた》えがない。今年の俺のベランダでいうと、匂《にお》い桜と芍薬《しゃくやく》がそれだった。

匂い桜など、一年の長きにわたって沈黙を続けていた。買ってきた当初は薄いピンクの可愛《かわい》らしい花を咲かせ、その名の通り芳香をただよわせていたのだが、花が終わって葉を伸ばし、瑞々《みずみず》しい容姿を見せつけた後が謎《なぞ》だった。虫がついて枯れてしまった葉はそれ以後音沙汰がなく、芽の出る様子もないのだ。

枯れたかと思い、ある時枝を切ってみた。すると、中から酸《す》っぱい匂いがあらわれてきた。切り口は緑色をしていて、まだ生きていることがわかった。俺はあわてふためいた。元気な枝を切ってしまったことが極悪非道の無頼漢の仕業のように思われ、強烈な罪悪感にさいなまれた。謝るかわりに必死に世話をした。しかし、匂い桜は枯れ色の枝を固定したままで数カ月、愚痴も礼も言わない。すねてしまった内省型の女のようで頭に来た。返事くらいしろと叫びたくなった。なにか言ってくれればこっちの気も晴れるのである。それがたとえ馬鹿野郎《ばかやろう》という罵《ののし》りでもいい。その言葉からにがしかのコミュニケーションが生まれ、互いの気持ちを忖度《そんたく》し合えるではないか。それが黙っている。強情な女である。また数カ月が経《た》ち、とうとう冬が来た。俺はもう一度枝を切ってみようと思った。そのくらいの荒療治も二人の関係のためには必要だと思ったのだ。そして、結果は出た。いつからかは知らないが、匂い桜は死んでいたのだった。

まったく、それならそうとなぜ一言《ひとこと》教えてくれなかったのか。俺はなんだか不条理な気持ちになって、すっかりカラカラになった匂い桜を捨てた。まったく同じ状態で、前は生きていたのである。だが、今度は死んでいる。

植物というもののわけのわからなさが悔しかった。一体全体、いつから死んでいたものか判然としない。どの時点から俺の世話が無駄だったのか、どの一瞬から死んだものに目をかけ続けていたのか、俺にはまるでわからないのだ。このへんの死の判定に関しては、どの本を読んでも書いていない。あたかも人間の脳死問題のように、植物の死もまた複雑で難しいのだ。

　匂い桜を捨てた日、やはり長く反応のなかった芍薬を掘り返した。株で買ってきた芍薬はしばらく調子よく茎を伸ばしていたのだが、ある日を境に枯れた。他の茎を持つ俺を無視して、それからうんともすんともいわなかった。

　どうせこっちも駄目だ。そう思った俺の目の前に、株分かれした白い子株が五つほどあった。ヒゲめいた細い根の脇《わき》に取りつき、未来目指していきいきとしている。これはうれしかった。俺は早速鉢の中の土に栄養を混ぜてやり、再び株を植え込んだものである。

　冬のベランダではこうして、ある者が時を教えずして息絶え、ある者が次の世代の生命を抱えて活動し、また、ある者が滅びを待たれながらいっこうに活動をやめずに繁殖する。しかし、すべては目に見えぬ土の奥での出来事で、こちらはただひたすら相手の状態を推し量っているより他ない。

　狭い空間で植物に振り回されながら、しかし喜ばしいベランダーの冬はこんな具合に過ぎていく。

　そして、春が来る。

DO YOU BE-LIVE IN FLOWER POWER?

1998年3月

(March)

◆BOTANICAL LIFE◆

モミジ　長い預かり物

[1998・3・22]

贈られた植物については先月書いた。知らぬ間に俺のボタニカル・ライフに参加した植物について、である。

その二週間ほどあと、俺のベランダに、いや正確には窓際《まどぎわ》の特等席に新たな贈り物が置かれることとなった。それが高さ五センチ弱のモミジなのである。

事の発端はある企業のイベントだった。呼ばれて俺は静岡県まで出かけ、そこの社員たちが熱心に作り上げた様々なブースを見て回ることになった。学園祭的にアットホームな熱意が沸きあがるそれぞれのブース。ひとつひとつの内容をしっかりと見ながらも、俺にはどうしても気になることがあった。あるブースに演出としてこんもりと盛り上げられた土があり、そこに数本の幼いモミジが植わっていたのである。

林の中に下生えとして伸びたばかりのようなモミジは、糸のように細い茎に四枚の葉をつけていた。根に近い部分の二枚は紡錘形でこころもとなく、種を破って出てきた時の様子をそのままにとどめている。これがモミジの最初の葉なのかと俺はまず学究的に感動した。そのなんの変哲もない双子葉の上には、驚くべき小ささのあのモミジの葉があった。ミクロながら葉はぎざぎざと割れて、我々が通常見るモミジとなんら変わらない。

赤ん坊の手をモミジみたいだと人は言うが、そこではモミジの葉が赤ん坊みたいなのだ。造化の神秘である。というか、人間は同じ形が妙に小さかったり大きかったりすることに神秘を感じてしまう。俺はもうどうしようもない気持ちになって、そのモミジたちのそばに座り込み、しげしげとそれを見つめ続けた。

周囲にいた人はどうしたのかと声をかける。それはそうだろう。呼ばれて行った社外の人間が突然しゃがみ込み、立ち上がれなくなっているのだ。心配しても無理はない。俺は即座にこのモミジをいただけないかと言った。すると、周囲の人々はあっけにとられて黙った。真剣な目をしてモミジを所望する人間は初めてだったのだろう。俺は重ねて言った。一本だけでいいんです、もしも駄目なら諦《あきら》めます。

誰かが俺の腕を取り、立ち上がらせようとしていた。正気を失ったと思ったのかもしれなかった。俺はモミジを見つめたままその人に引っ張られ、ブースから外に出された。連行者は俺の耳元でこんなことを言っていた。今、担当者に聞きますからね、大丈夫ですよ、きっと大丈夫です。おそらく、その人は俺の頭のことを含めて、大丈夫ですと言い聞かせていたに違いなかったのだが、俺は何も気づかずにただモミジをもらえる可能性にだけ心躍らせていた。

数分後、満面に笑みを浮かべたおじさんが近づいてきた。担当者が見つかりましたよと言うのだった。すぐ後ろにその担当者がいた。背の高い青年だった。手には黒ビニールの鉢を持ち、目を伏せている。ビニールにはモミジが二本植えられていた。俺は思わずありがとうございますと言ったのだが、同時に青年の悲しそうな表情に気をとられていた。

おじさんが言うのには、モミジはその青年の持ち物なのだった。彼は自分で育てていたモミジを、そのイベントのために持ってきたというのだ。社員が自発的に作るイベントゆえ、彼は宝物を貸し出そうと決意したわけである。青年は俺の前に座り、大事そうにモミジを差し出した。顔は伏せたままであった。俺はすぐにその気持ちを察した。

いや、そんなに大切な物をもらうわけには……。俺は口の奥でモゴモゴ言った。それでいて目は輝き、モミジの葉をしっかりととらえていた。青年はようやく顔を上げ、一生懸命育ててやっとここまでになったんですと言った。言ってすぐ、俺の欲深げな視線に気づいた様子なので、俺は声の調子を上げた。ごめんなさい、知らなかったものので……それは是非あなたが育てないと。

しかし、青年はもうあきらめていた。大事にしてくれますかと一言《ひとこと》聞いてくる。俺はほとんど大声で、もちろんですと答えた。半日陰がいいですかね、やっぱり森ののですから、直射日光じゃ駄目ですよね？　俺は青年に安心してもらおうと矢継ぎ早に質問を浴びせかけた。だが、彼は首をかしげて、さあ……と答えた。俺ははっとして顔を赤くした。彼はそんなさかしらな態度でモミジを五センチにまでしたのではなかった。心ひとつで育てたのである。その人の前で、半日陰だ、風通しだとテクニカルな言葉を並べる俺は、もはや軽蔑《けいべつ》するエセガーデナーと一緒だった。赤玉三割に苦土石灰、そして固形肥料を二個などという知識におぼれた亡者《もうじゃ》同然なのだ。

その俺に向けて、青年は再び大事にしてくれますかと聞いた。俺はもう何も面倒なことは言わなかった。ただただうなずき、最後に必ず大事にしますとオウム返しにした。

新幹線の中でも地下鉄の中でも、俺はモミジのことだけを考えた。乾いていないか、濡《ぬ》れすぎていないか、熱風が当たっていないか、折れていないか。うっかり一本下さいと言った俺は、他人の宝物を預かり、まったく風土の違う土地に移動させてしまうことになったのだ。インコを預かって死なせてしまうのと同じ恐ろしさがあった。俺は命がけでモミジを守らなければならなかった。

家に帰り、本をめくってみたのだが、モミジの項目にはそれほど小さな苗木のことなど載っていなかった。とにかく、直射日光は避けようと北向きの窓際に置いた。そこではすでにミントが異常発育しており、案外いい場所だと考えていたからだった。翌日も翌々日も、俺はことあるごとにモミジを見た。なんとか弱らずにすんでいるようだった。

ところが、葉が赤くなり出した。三日目のことである。まるで紅葉のようにして、モミジの葉は透明感のある緑色から斑点《はんてん》状の赤へと変色し始めた。今じゃない、今紅葉しなくていいんだ、それは十年後で十分なんだよと俺は何度もささやきかけた。ささやくことぐらいしか、俺にはしてやれることがなかった。だが、モミジは助言を聞き入れず、赤くなっていった。茎の先端から生まれ出つつある、ミニチュア細工のような新しい葉もしおれかけているように見え始める。俺は心臓をつかまれるような気分で暮らした。俺は預かり物を殺してしまうのか！

数日後、緊急措置として南向きの窓際に移動させた。少し日を強めに当てるしかないと思ったのだった。理由などなかった。北向きで駄目ならという思いだけがあった。

位置の移動は鉢にストレスを与える。だが、そのまま北向きの窓際に置いておけば、枯れてしまうに違いないと俺は冷や汗をかいていたのだ。小さな鉢を日の当たる床に置き、四つん這《ば》いになって、どうか死なないでくれとモミジの葉に鼻をつけた。何度も何度もそうした。すでに葉はレンガ色となって燃えさかっていた。俺はまさに伏して拝むような格好のままで、モミジを説得し続けた。根をつけてくれ、大丈夫、必ず大切にするから。

念が通じたとは思わない。しかし、モミジは自分の力で生きることを始めた。葉も茎も赤くなったものの、モミジ二本はそれぞれ先端の赤ん坊を落とすことなく、長さ数ミリの体を広げたのだ。俺は今度はうれしくてまた四つん這いになり、彼ら小さき者の獅子奮迅《ししふんじん》の努力を称《たた》えた。経験から言って、難所はすでに乗り越えていた。おそらくモミジはヒゲのような根を張り、土の様子や日の当たり具合に慣れながら、大きくなろうと背を伸ばし始めているのである。

少し背の低い方の一本は、すでに三番目の赤ん坊を空に向かって生み出そうとしている。一ミリもないほどの、小さくて柔らかそうな葉が飛び出ているのだ。まだ形もないように見えるその葉も、ほんの数日経《た》てば自分がどんな木として生きるのかを示し、しなやかに広がるだろうと思う。

これから幾つの難所があるのかはわからない。なにしろ、この預かり物の生命は長いのだ。だが、俺はそのモミジの苦しみを横で必ず見ているだろう。

してやれることはほとんど何もない。しかも、やつの苦しみの原因はおそらく俺の水やりの加減や、植え替えの失敗なのである。つまり、これから先も悔恨ばかりが多く、せっぱつまった時には手遅れで、何ひとつ出来ないままじっと耐え忍ぶことを余儀なくされ、あとは祈るだけしか方法がなくなる。

だが、俺はもう知っている。

それが植物を愛するということなのだ。

そして、やつらが返してくれるものといえば、新しい葉ひとつ。

つまり、体が震えるほどの悦《よろこ》び。

カルセオラリア　風船と金魚

[1998・3・31]

今月を盛り上げてくれたのはモミジばかりではない。新顔として窓辺に現れ、そのかわいらしくも奇妙な花を見せつけたカルセオラリアも、俺の生まれ月である三月のベスト鉢賞を受賞している。

カルセオラリアの何が面白いといって、その花の形が袋状なのである。それも蘭《らん》のように壺《つぼ》に似た形ではなく、まさに空気でふくらんでいるかのような袋状。銀色の貝のような風船があるが、ちょうどあれに似ていてしかも柔らかい。

俺が買って来た花は裏側が黄色で、表に赤を刷り込んだような品種である。他にも赤一色だったりするものがあるが、俺としてはこの色模様をお薦めしたい。家に持ち帰って花にそっと触れてみると、ぺこっとへこむ。形を戻すにはわずかに開いた穴から息をふき入れるのが一番で、それがまたなんとも風船に近い。

よく見れば方々に新しい花が生まれ出ており、それらは小さくとも一人前の風船になっている。まるでミクロの泡のような具合だ。よくしたもので、泡は泡なりに少しずつ育ち、形を崩すことなく大きくふくらむ。日々空気を吸い込んでいくようで、どうにも可愛《かわい》い。

ただ、花の終わりはその分悲しいことになる。やつらは急激にしおれてあれよあれよと黒ずみ、やはり割れた風船のように一気に小さくなってしまう。そして、近くの花にぺたりとくっつく。取りのけようとすると、丈夫な花の方が割れてしまいそうで少々厄介である。

しおれずに落ちた花はしばらくふくらんだままでいる。茎に支えられて空中に浮かんでいる間はいかにも風船らしいのだが、落ちると今度は金魚を思わせる。持ち上げて茎との接点を見れば直径数ミリの見事な穴があり、それが魚の口に実によく似ている。横たわってじっとしている姿がかわいそうで、俺などついに小型のグラスを出してきて水で満たし、その中に泳がせたものである。プカリと水に浮いた花は時おり風で揺れる。まさにゆうゆうたる魚の風情《ふぜい》である。

そろそろ魚になるものの方が多くなりそうなカルセオラリアだが、いまだ残る花の中へと俺は毎日息を吹き入れ、風船としての一生をながらえさせている。そして、いざ金魚になってしまえば、すぐさま拾い上げて水に放す。あたかも一生に二回生きるような花である。

風船として生き、第二の人生を金魚として過ごす。

カルセオラリアはキュートな風来坊なのである。

◆BOTANICAL LIFE◆

DO YOU BE-LIVE IN FLOWER POWER?

1998年4月

(April)

DO YOU BE-LIVE IN FLOWER POWER?

◆BOTANICAL LIFE◆

ハーブ すました雑草

[1998・4・16]

　昔スーパーで買って来たミントやクレッソンの茎は大変なことになっている。ミントはおのれの限界を超えて丈を長くし、さすがに過度の背伸びに気づいて葉の色が薄くなっているし、クレッソンはいつの間にか鉢いっぱいに根を張ってもさもさしている。

　基本的に俺はハーブの鉢を買って来ないはずだった。種から育てるか、寸断されてスーパーにあるやつを我が物とする方針で来たのである。

　ところが、この春からはまた違う気分なのだ。理由のひとつは紫蘇《しそ》やら葉ネギやらを種から育て、その面倒さに疲れ気味なこと。いまひとつは、スーパーものに種類の限界があることだ。その間に世間では様々なハーブが出荷されている。そのへんを歩いてる普通のばばあがボリジだのキャラウェイだの言っているくらいで、俺は最初、やつらが息も絶え絶えで病院からもらってくる薬のことだろうと思っていた。まあ、ハーブは半ば薬だからまったくの間違いというわけでもない。

ミントの種類だけでもやたらにあってミントおたくの存在が想像されるし、しまいには札を見ても名前のわからないハーブさえある。それが百円だの二百円だので売られているわけだ。どいつもこいつも生え出たばかりの風体で生彩がなく、どう見ても雑草である。いや、ハーブなんて実際雑草なのだが、売られ方でその正体がばれているところが悲しいのである。そして、その高級感のなさが俺の性に合うのだ。

それを世の中の田舎者どもは、ハーブ育成があたかもヨーロッパ趣味のように扱いやがる。まさに言語道断である。あいつらは意地汚い雑草であり、放っておけば自らの首をしめるまでに育ってしまう大食らいなのだ。だからこそ、俺たちベランダーはハーブの中に自分の姿を見、まあ一緒に暮らしてもよかろうと判断を下すのである。

あの強さがまずいい。種から見守るには少々の勘なり経験なりが必要だが、育ちかけのやつを植え替えてやればあとは適当に水でもやっておけばいいし、枯れたと思っても復活の可能性が高い。なにせ雑草である。ペンペン草を家の中やらベランダで後生大事に育てているような不条理がまたなんともいえず価値転倒的である。いわば部屋に飛び込んで来てしまった雀《すずめ》を飼育しているようなものだ。

俺も子供の頃、そういう雀を飼った。飼ったがすぐに死んでしまったか、その前に逃がしてやったかであまり記憶がない。話を見事に展開させようと思ったが、まるで覚えていないのでハーブに戻る。世間的には収穫の喜びというものがまた魅力だろう。我々ベランダーはもちろん、花を咲かせることでその喜びを得る。だが、現代人は貪《どん》欲《よく》である。まずハーブの小さな花の姿を心のうちに収穫し、さらに葉を収穫しなければ気がすまない。二毛作体質というようなものだろう。しまいには根をくらったり、茎をかじったりもする。飢《き》饉《きん》でもあったのかと思うくらいだ。

その姿勢はあきらかにハーブ的である。雑草の欲の深さと同様の貪婪《どんらん》さが透けて見える。役に立つものならどこまでも役に立てようという根性である。なにしろ、エッセンシャルオイルとかいって、匂《にお》いまでかぐ始末だ。雑草から存在のすべてを奪い取ろうというのである。

それならば、なぜ俺のように「ハーブ育成は小作人の魂で」と言い切らないのであろうか。俺がタイムを植え、オレガノの世話をし、花屋の店先でしおれていたチャイブをすかさず救い、カモミールに霧を吹きかけてやる時、頭に浮かんでいるのは自身の小作人姿である。丈夫に育ち、そのすべてを生活に利用出来るハーブの恩恵を、俺は頰かむりし、腰を低くして受け取ろうとするのだ。ヨーロッパの素敵なガーデンなど考えもしない。そもそもヨーロッパでハーブを育てている連中だって、俺と同じ気持ちに決まっている。そうでなければ、ああいう雑草を育てようとはすまい。

土地を持つことを許されず、地主に苦しめられるような生活という意味で、俺と連中はまったく同じ立場にある。同じ立場にいながらハーブの強さに感謝をし、そこから喜びのすべてを汲み尽《く》くそうと願う。

言っておくが、ベランダーは単に都会の趣味人ではない。空を共有する世界の労働者諸君と連帯をしているのである。このことを忘れてもらっては困る。だからこそ俺は、トロ箱に植物を入れ、各地の道路を不法占拠するばばあどもにエールを送っているのである。階級をわきまえずエセガーデナー気分にひたる日本の頭の悪いプチブルどもと我々は、敵対関係にあるのだ。

これがベランダー思想というものである。植物主義は幻想を許さない。植物たちを通して社会的現実を凝視し、自らの立場を鮮明にし続ける。

だからハーブは、俺たちのシンボルでもあるのだ。

野梅　盆栽ぎりぎり
[1998・4・21]

野梅の鉢をリビングの窓際《まどぎわ》に移した。

今日から数週間休日はなく、しばらくは植物の世話をする機会もない。ありがたいことに、春は植物どもを活《い》き活《い》きとさせてくれ、手入れをするモチベーションに満ちてくる。

疲れがたまっていて歩くのも億劫《おっくう》なのに、俺はシャベルとハサミをひっきりなしに使って我が家の陣営を整え直したのである。藤《ふじ》もようやく芽をふいた。ムクゲも若葉を噴き出しているし、引っ越しで大ダメージを受けたまま放っておかれたオブコニカもうれしいかな、満開になっている。

あいつをベランダに出して、こいつを部屋に取り込んで、さらにやつらの位置をすべて変えて……とまるで野球監督みたいに俺は采配《さいはい》をふるい続ける。すると、ピッチャーに穴が開いた。リビングのソファの横、小さなフィギュアやらメダカ入りの金魚鉢やら銀座で焼け残ったレンガやら、どうでもいいが捨てがたい物に満ちた棚の上に置く鉢がなくなったのである。

その場所は俺のひとときの休息に最もよく貢献する空間で、つまり「いい感じ」の鉢がひとつだけ置かれなければならないと決まっている。しかも、窓から空を見るためには丈は低く、見栄《みば》えがいいけれど主張の激しくない鉢がベストだ。これまでその大役を勤めて来たのは西洋シャクナゲ、カルセオラリア、レモンバームといった外国人選手たちであった。

だが、それら選手をベランダに放出したり、ファームに入れたりしているうちに、席が開いてしまった。どいつを入れ替えてもしっくり来ない。いったんレフトに下がった選手を再びマウンドに呼ぶわけにもいかないだろう。それじゃ高校野球である。俺のプロ意識が許さないのだ。

あれこれと迷ううちに野梅が気になった。すっかり花も終わり、ゆっくりとしたペースで葉をつけているベテラン野手。もしかしたらとピッチャーにコンバートしてみると、これがピタリとはまった。直径十五センチほどの低い鉢に植わった野梅は、土表面を覆《おお》う苔《こけ》もあってなかなかの風格である。夏まではこいつにマウンドをまかせてみようと、俺は満足しきりでソファに座った。

鉢植えの梅は庭ものと違って、花後に深く剪定《せんてい》を行わなければならない。庭ものは安易な切り詰めが厳禁なのに対して、鉢ものは厳しく管理されないといけないのである。だが、俺はその機会を逸していた。花に目を奪われ、それが落ちてもなお幻影の中でその白く可憐《かれん》な姿に酔っていたのである。おかげですべての枝は徐々に伸び、そこから葉が出てきた。

ピッチャーとしてよくよく見れば、樹型があまりよろしくない。剪定をしてしまおうと立ち上がりかけたが、俺はなんとか踏みとどまった。今フォームの乱れを直してしまえば、そいつは丸坊主《まるぼうず》である。丸坊主になった梅をマウンドに置いて毎日眺めるとなれば、恐ろしい結果を招くこと必至なのである。なぜなら、それはもはやボタニカル・ライフではなく、盆栽だからだ。

これまで俺がしてきたことはあくまでベランダーとしての仕事であった。だが、そこでハサミを持ち出したら最後、俺は盆栽の世界へと足を踏み入れることになる。うまくは言えないが、それは明らかに生きている世界を変えることだ。うっかりした剪定が俺からベランダーの称号を奪い、盆栽初心者という名前を与えてしまう。

俺の中でも、このボタニカル・ライフと盆栽の差は規定が難しい。難しいから経済原理を取り入れて、月平均二千円までがボタニカルと決めている。おこづかいか給料かみたいなはなはだ曖昧《あいまい》な決め事ではあるが、何か規則を作っておかないと俺は知らぬ間に盆栽家になりかねないのだ。いや、けして盆栽が嫌いなわけではない。むしろ好きになりそうな体質だけに必死に避けているのである。

もし俺が盆栽を始めれば、もはや草木を伸び放題にしておくことは出来ない。いい加減な肥料を好き勝手な時間にやることも不可能だし、旅行もいっさい出来なくなる。鉢植えのほとんどを手放し、それらをすべて松や梅に変えてしまうだろうし、品評会などに出入りして一喜一憂することになる。

したがって俺は今日、危ない橋を渡るところだったのである。まさに一歩、まさに一瞬で俺は生活を変え、世界を変えてしまいそうだったのだ。

結局野梅は剪定を受けず、自然児として何も知らぬげにそこにある。外を向いているように見えながら、しかしその背中で俺を誘っているのは明白だ。

大変なやつにピッチャーをまかせてしまった。

◆BOTANICAL LIFE◆

DO YOU BE-LIVE IN FLOWER POWER?

1998年5月

(May)

DO YOU BE-LIVE IN FLOWER POWER?

◆BOTANICAL LIFE◆

茶碗蓮《ちゃわんばす》　［1998・5・29］　小さな困りもの

園芸通販雑誌で見つけた茶碗蓮である。

なにしろ名前がいい。茶碗の蓮。

ページ上でも、何やら小さな容器におさまって咲く花が目立っていたのである。

俺はこういうミニチュアものに弱い。コーンフレークのおまけに付いていた小さな人形に胸を躍らせたタイプだ。ああいった「同じ形で小さくなる」現象には不思議と興奮する。

ミニ辞書とか根付けとかミクロな文房具とか、そういうものを見ると神秘じみた感興を覚えてしまうのである。遺伝子あたりに組み込まれた習性としか思えないほど、その興味の底は深い。植物一般に関しても、苗が一人前の形をした葉をつけたりするといつまででもじっと見ていられる。赤ん坊の手に感じるのも同じ興奮である。

以前、大きな蓮を枯らして悲しい気持ちになったことのある俺は、その茶碗蓮を五つほど注文した。育成が難しいことは予想されたからである。

三カ月くらい待ってようやく届いた蓮は意外に大きかった。漢方薬か何かを思わせる黒い根っこ。長いもので二十センチほどもある。その時点でとうてい茶碗にはおさまりきらない。俺のミニチュア嗜好《しこう》をまるで満たさないのである。

俺が茶碗蓮を注文したことは近所のベランダーたちにもすでに伝わっていた。みな欲しそうな顔をしていたので、二つ残して分けることにした。もちろん長い順である。といっても手元に残した根っこも十五センチはあった。どうしたものかと思い悩んだあげく、俺は雑貨屋で直径二十センチの水鉢を買ってきた。スペイン的な模様の入ったかわいらしい鉢である。デザインをかわいくすることで、俺は失望を隠そうとしたのだ。

水をはって根を入れた。同じ方法で育てるのには危険があったので、もうひとつの根は通常の鉢植えと同じく土の中に埋める。どこをどうすれば花まで持っていけるかはまるでわからない。ともかくあらゆる手段を試してみるしかなかった。

幸いどちらの根からもすぐに葉が出てきた。水鉢の方を見るとヒゲ根も生えだしている。こいつは快調と満足しきりであった。しきりであったが、すぐに根の回りが白くなった。カビだと思われた。その証拠に水が臭い。俺はあわてて水を替えた。替えたがまだ臭い。根のまわりに白いもやのようなものがまとわりつき、触るとぬるぬるしている。

土に植えたものも同じ現象に悩まされているはずであった。なぜなら、そちらも臭いのである。だが、だからといって水やりを控える勇気はなかった。相手は蓮である。水を枯らしたらどうなるかわかったものではない。

やがて、にょきにょき生えた丸い葉が茶色くなった。以前の蓮と同じである。いったん茶色くなった葉が元に戻ることはあり得なかった。俺は猛烈に焦《あせ》った。茶色くなった葉を切って次の生命に賭《か》ける。しかし、生えてくる葉はいずれもすぐに枯れた。

今度は放っておくことにした。すると、黒ずんで縮こまる。匂《にお》いは依然として激しい。

土に埋めた方を窓際《まどぎわ》からベランダに移した。風を当て、自然にまかせてなんとかしようという方策である。水鉢の方は変わらずキッチンの窓際に置いて二十四時間態勢で監視する。

ご近所のベランダーは田土の上に水を張っているという情報が入った。俺もそうしようと思うのだが、カビが気になって仕方がない。とにもかくにもカビが消えてから泥の中に……と思い、毎日水を替える。それがいけないのか葉は次々枯れ、次々に生まれ出る。生まれ出ながら水を臭くする。土に入れたやつはやがて根腐れの状態におちいり、火事跡の木材のように黒く萎縮《いしゅく》した葉が倒れているばかりとなった。小さくもない茶碗蓮である。おかしな匂いばかりがして葉が枯れる蓮である。根にカビが生える植物である。

驚くべき小ささの蓮ではなかったのか。清楚《せいそ》に葉を伸ばし、可憐《かれん》に咲く花ではなかったのか。活《い》き活《い》きした根を持つ植物ではなかったのか。

こうして、俺の夢はついえさった。

今日もほのかに臭い。

植物生活

[1998・5・29]

すべてがボタニカル

ビデオのロケで山梨に行き、一面の虞美人草《ぐびじんそう》の畑に出会った。出会ったというか、スタッフはまさにその絵が狙《ねら》いなのだが、俺の出番ではなかったのである。

休耕地を豊かにするためか、あるいは通りがかる人へのサービスか、すさまじい数の虞美人草は赤や白の花を咲かせて、ゆらゆらと風に揺れている。うねに沿って生えたわけでもなく、ある場所には密集し、ある場所にはたったひとつの根、とまさに野性的なポピーの群れ。花屋に売られているものとは違って蕾《つぼみ》を覆《おお》う毛も少なく、茎はあくまで太い。

幸福を味わいながら、俺はうろうろと花の間を歩く。歩きながらも目は鋭く、あちらこちらをにらみつけている。広大な畑の中でようやく俺は目当てのものを見つける。花が終わり、枯れたまま突っ立った茎の先である。花の後に出来た種袋を俺は探していたのだ。

固い蓋《ふた》の下を覗《のぞ》くと無数の種が詰まっている。もう俺はほくほく顔である。数千はありそうな花の中で見つけ出した茎はたった五本。それをすべて勝手に収穫して俺はロケバスに戻り、煙草《たばこ》のセロファン袋の中に納めて輪ゴムをかける。

みんなが仕事に熱中し、あるいは虞美人草の毒々しい美しさにぼんやりしている間に、こうして俺はちゃっかりと種を盗む。そして、家に帰って本を開き、そいつをいつどのような土に撒《ま》くかを調べるのである。

五月はほとんどの日を舞台に費やしていた。舞台には花が贈られる。劇場入り口は各関係者からの花でいっぱいになる。となれば、俺の出番である。

毎日本番前に花の様子を見に行く。切り花には目もくれず、鉢植えがないか探す。

見つけたらすぐに乾きの具合を指で試し、劇場のお姉さんに適切な水やりを指示する。これは二日にいっぺん、こいつはしばらくなし、この鉢には毎日。そうやって細かい注文をつけるのも、楽日に俺が持って帰りたいからである。

今年狙っていたのは花弁の少ないバラ、近頃花屋でも鉢植えがよく売られているカクテルという種類と、もうひと鉢アンスリウム。ハート型の赤い苞《ほう》にトウモロコシの子供みたいなやつが突き出たあの熱帯の植物である。カクテルは丈が八十センチほどで、アンスリウムは一メートルほどだから、打ち上げ会場から家に運ぶのは楽しい一苦労だった。タクシーの中がむっとするほど香ったのも胸を打った。

残念ながらカクテルはベランダで三日ほど、花の最後を見せて散っていった。むろん来年の花を目的にして持ってきたので悔いはない。すかさず御礼肥《おれいごえ》をあげて、またあのヒラヒラしたかわいらしい花を咲かせてもらえるように養生する。

アンスリウムは部屋の真ん中に置いたソファの後ろにでんと控えている。空気清浄機のそばだったのでサトイモ科ならではの大きな葉が白く汚れたが、空気より植物を取る俺はすぐに機械を適当な場所に移した。おかげでそれからは元気なものである。二、三の花は枯れたが、持ち直して活き活きしていやがる。

卵パックに詰めた土からはローズマリーの芽が生えている。いいところで鉢に植え替え、霧吹きで水をやる。葉ネギを植えたでかい鉢で一緒に育てたイタリアンパセリの苗も順調に背を伸ばし、次々に植え替えられていく。これらの作業はもちろん、芝居を終えて帰ってきてから行う。

五月はすべてがうまくいく。見かけた花から種を取り、これと思った鉢植えがあれば持ち帰り、土と見れば何かの種をばらまいておく。まず間違いなく、失敗はあり得ない。カビにやられた茶碗蓮は別として、五月は植物生活にとって一番楽な月である。何もかもが植物を見守り、たいがいのことが生命につながってくれる。

そして、梅雨が来る。

植木市

［1998・5・31］

ベランダー狂喜

俺はその日を心待ちにしていた。浅草に越した以上、植木市にいかずしてどう生きていくというのだろう。五月下旬と六月下旬の土日にそれは行われる。特に今年は植木市の中心たる浅間神社の奉祝祭直後だから、いつにも増した熱気が予想された。

俺が死守したスケジュールは五月三十一日の日曜日のみ。たった一日で植木市を制覇しなければならないのだ。俺の舌は前日から緊張で乾きがちだった。湿らせようと思ってビールを大量に飲んだので、当日は寝坊した。

夏のような陽気の中、当然自転車をこいで行く。どんな大きさの鉢植えをゲットするかわからないからだ。胸躍らせながら浅間神社の前まで来ると、車両通行止めになった商店街に延々と露店が並んでいた。俺はポケットに突っ込んだ金を確かめてから、急いで人混みに走り込んだ。

あるわ、あるわ、どこまで行っても鉢植えである。キキョウの根やら、ミニ盆栽、グミにミカンにブドウの木、各種のバラに山野草、もちろんハーブも数十種類。はたまたビニールに詰めた骨粉やら特製肥料、あるいは盆景用のミクロな釣り人フィギュアまで。しまいには何故《なぜ》か知らないがナマズが五百円で売られている始末だ。あまりのことにナマズに手を出しかけた俺だが、必死に思いとどまってさらに奥へ行く。

行き交うのはみなプロのベランダーである。どのおばさん、おじさん、じいさん、ばあさんも植物を見る目が違っている。何か気になればすかさず葉を触り、そいつの調子を見るし、鋭い声で値切ってみせたりしている。簡単に買うわけにはいかないぞという気迫に満ち、財布のヒモをぎゅっと締めているのだ。気持ちはよくわかった。

そうでもしていなければとんでもない散財をし、最後には売る側になって道路に座るはめにおちいる。

俺もまた慎重に各露店の特徴を覚えていき、あらかたの値段を把握する。しかし、あまりにも露店は多かった。次第に疲労がたまり、正確な判断が出来なくなってくる。立派な竹の上でどこから来たのか、アゲハ蝶《ちょう》が休んでいるのが見えた。蝶が休みたいくらいだから俺も休みたい。だが、一度でも休んだらおしまいである。みなぎった気迫は失われ、「どうだい、ブルーベリー。二千円にしとくよ」などという悪魔の声に誘われて、置き場所もわきまえずに鉢を買いまくってしまうのだ。

俺は耐えた。耐えに耐えた。そして、三百円のイシダテホタルブクロや五百円のウコンを始めとする安くて小さくて面白そうな鉢だけを手元に集めていく。トリカブトに朝鮮ウツギ、はたまたタキタスベルラ……。知らぬ間に両手はビニール袋だらけであった。

その時、「全部千円」の声が聞こえた。夕方になって値崩れが始まったのである。見れば花盛りのベゴニアや丈高いバラが並んでいる。それらがすべて千円などということがこの世にあり得ていいのだろうか。俺の足はフラフラとその露店へ向かっていた。おばさんたちが群れている。何を考えたか、年端《としは》もいかない小学校低学年男子までもが真剣にバラを選んでいた。根のあたりを触る仕草はベランダー歴の長さを感じさせ、俺を脅《おびや》かした。何故だ、何故こんなガキまでが敵なのだ?

ごつんごつんと四方八方からぶつかられた。相手はどでかいバラなど持っているから、俺は拷問《ごうもん》を受けているのも同じである。右にかしぎ、左によろけた。もはや俺は傷だらけであった。せめて購入した鉢だけは守ろうと身を固くすると、敵どもは俺の戦意喪失を即座に見抜いて尻《しり》などぶつけてくる。立っているのが精一杯だ。

しばらくそうやって必死に立っていたが、やがて正気が戻った。勝てない勝負からは身を引かなければならない。俺は目当てのバラに別れを告げ、それを例の少年が持ち上げるのを横目に見ながら混雑を抜け出した。

そのまま植木市の中にいれば、投げ売りのおそろしい混乱が始まるのは必至であった。そうなれば俺は戦乱の渦中で右往左往し、うずくまって失神してしまうに決まっていた。大急ぎで道路を歩いた。歩きながらもヘチマを買うのを忘れなかった。引っ越しの時に捨ててしまった月下美人も姑息《こそく》に買い直し、ほうほうの体でナマズの前まで戻った。「地震をしらせるよ!」とかなんとかいうコピーに胸打たれ、またもや買いたくなったが、今揺れているのは俺の脳みその方だと自らに言い聞かせ、ベースキャンプまで帰った。

浅間神社の小さな境内では、うら若いお姉さんたちがハッピを着て祭囃子《まつりばやし》を鳴らしていた。そうだ、これこそベランダーの祭りなのだ。俺は混み合う露店の列を振り返り、そうひとりごちた。今時ガーデナーだのなんだのとしゃらくさいことを言っているやつらに、このお囃子は聞こえやしない。俺たちベランダーは長いこと、狭い長屋の前を工夫し、鉢を育てて来た。それをすっかり忘れておいて何がイングリッシュガーデンだ。何が素敵な庭作りだ。狭さこそ知恵、貧しさこそ誇り！

こうして俺はすっかり満足し、自転車をゆっくりとこぎ始めたのである。

キノボリトカゲも欲しかった……。

◆BOTANICAL LIFE◆

DO YOU BE-LIVE IN FLOWER POWER?

1998年6月

(June)

DO YOU BE-LIVE IN FLOWER POWER?

◆BOTANICAL LIFE◆

芍薬《しやくやく》 ［1998・6・24］ 落胆のモデル

六月の初め、去年とまったく同じように芍薬の株から芽が出たのである。古木めいたその株は一年の時を経て、新しい生命を現出させたのだ。

一方は株の横から緑濃い葉を遠慮がちに伸ばし、一方は土の中からツクシのように顔をのぞかせたまま内部に葉を隠し持つ芽。

だが、俺は喜ぶことをしなかった。いや、出来なかったというべきだろう。なぜなら、そのふたつの春らしい現象はほぼ一ミリの違いもなく、前年の反復だったからである。

去年、俺は芍薬の発芽を祝福し、鉢を特等席に移して丁寧に水やりをした。ところが、葉は短く伸びたまままそれきり広がらず、ツクシ状になった方も中に包み込んだ葉を噴き出させることがなかったのである。さあこれからという姿でありながら芍薬はぴたりと成長をやめ、そこまでが決められた範囲であるといわんばかりに凍りついたままだったのだ。

そして、今年もまったく同じであった。同じふたつの場所からふたつの芽が出、ビデオでも見ているのかと思うほど同じ形になって時を止めた。

そのまま枯れてゆく経過にも違いはなかった。まずツクシ状の方がマッチ棒の頭のようにみるみる黒ずんでいき、葉を伸ばしかけた方が後を追う形でゆっくりと枯れてゆく。

何年経《た》ってもそうなるものはそうなるという悲しい真理をベランダーは知っている。ある年に失敗をすると、ほとんど必ず失敗は反復される。土に肥料を混ぜ込んだり、置き場所を変えてやっても、最初の年の失敗は次の年に帰ってくる。だから、ベランダーは最初の年の失敗を避けるべく、細心の注意をはらって鉢の面倒を見る。だが、起きてしまった失敗は取り戻しようがない。そして繰り返される。

芍薬はいわばその失敗の完全なるモデルケースである。何が悪いのかはわからない。わからないが、成長の中断は決められている。途中まで成長することもまた決められている。つまりはこちらの落胆も決められているのだ。

おそらく、これから何かの鉢を育てそこなうたびに俺はこの芍薬の株のことを思い出すだろう。俺たちベランダーに時を支配する力がないように植物も毎年同じように時を止められ、透明な時の壁にはばまれたまま葉を伸ばしきれずに枯れてゆくのだ。

おじぎ草　雑草の価値

[1998・6・25]

仕事で福岡に行き、洒落《しゃれ》たデパートの中の園芸コーナーでおじぎ草を見つけたのであった。洒落た鉢に入ってちょうど千円。何度か葉を触り、恥ずかしそうなあのしおれ具合を見ながら俺はそいつを買うかどうか迷っていた。

なにしろ相手はいわゆる雑草である。そのへんの野原に行けばいくらでも手に入るじゃないか。当然そういう理性が働くのだが、一方で「そのへん」とはどこだという内面の声もする。言われてみれば、とまあ自分で言って自分でやりこめられているわけだが、確かにおじぎ草の生えているような野原というものにあてはなかった。

いや、そういうことじゃなくて俺の言いたいのはだな、と再び財布の紐《ひも》をしめる俺がいた。自分で探す苦労を放棄して、ただ漫然と千円を払うことが正しいのかということだ。そういうことだからカブト虫だの鈴虫だのが高くなるんだよ、とそいつは激しく主張していた。おかげで聞き手の俺はおじぎ草のすべての葉を触り終えており、つまり草のやつは平身低頭というかすっかりしゅんとしてしまっている。

雑草まで資本主義の輪廻《りんね》の中に閉じ込めて、レートの明確でない価値をつけるというのは、なんというか倫理的ではない、と激しい俺はたたみかけてきた。なんでもかんでも売り買いの対象にするのは、お前、ベランダーとしてどうなんだとアイデンティティの問題にまで踏み込んでくる。聞き手の俺までしおれそうなのでいったん園芸コーナーを離れ、横のペットコーナーでクラゲなどを見た。フェレットを見、ハムスター数種類を見ているうちに俺の頭は俺への反論に満ちてきた。

そこで、俺（B）は俺（A）にこんなことを話しかけながらおじぎ草の方へ戻った。「なんでもかんでも売り買いの対象にするのがいかん」と言う気持ちもわかる、わかるが反対におじぎ草に値段がないのが当たり前で君子蘭《くんしらん》ならあっていいというその考え方だっておかしいのではないか。

俺（B）はさっきのおじぎ草の葉がちっとも回復していないのにがっかりしながら、さらに俺（A）への反論を続けてみた。おじぎ草に値段をつけることへの心理的抵抗の核心は、そこらへんの野原から自分で抜いてこられると思っていることから来ている。だが、野原に伸びているそいつは果たして本来的にタダなのか。もしも君子蘭ならいいというのであれば、ひとえにその栽培に人の手がかかっていると想像するからであり、つまり価値の大半はその労働から生じているのである。

となれば、俺(A)よ、おじぎ草を買うことへの抵抗は労働抜きの価値への抵抗に過ぎない。すなわち、お前はけっしてそれを植物主義的に否定しているわけではないのだ。あくまで労働価値の問題の回りで腹を立ててみせているのである。しかも、このおじぎ草だって誰かが金になると踏んで育てたに決まっているではないか。その商売に乗るのは確かに悔しい。だがしかし、どんな鉢だって根本的にはそういう商売の上で成り立っているのではなかったのか。

ここにきて俺(A)は俺(B)に統合された。説得されてそうしたというよりは、共同してそこらへんの問題を考えることにしたのである。例えば、おじぎ草をタダであると認識してしまう俺たちは、雑草なら勝手に持ってきていいという前提に立っている。そもそもそれが身勝手な話であった。植物にも権利があるなどと主張したいのではない。逆に、誰かが栽培している植物は勝手に持ってきてはいけないという禁止条項があるからこそ、誰の手にもかからぬような雑草の抜き取りに俺たちは無頓着《むとんちゃく》なのではないかと考えたのである。すなわち、人間が人間同士で決めた資本主義的な権利ルールがあればこそ、反対に雑草の無価値性が成立しているのではないかという疑いである。

　そんなことをじっと考え続けている俺の指先には、おじぎ草の葉があった。知らぬ間に俺はそいつを触りまくっていたのである。葉は閉じているどころか、もう脂《あぶら》ぎっているようにさえ見えた。園芸コーナーの女子店員の目も厳しく光っている。異常な男がぶつくさ言っているのを警戒しているのだ。俺はあわててもう一度、俺の中の「財布の紐派」に購入許可を要請した。手のかかった鉢を買うつもりで買うならよいと、そいつ、つまり例の俺（A）は言っていた。

　こうして飛行機に乗ってその雑草は俺の家にやってきた。数日後、土や肥料を安く売っている近所のスーパーに出かけると、まったく同じ大きさのおじぎ草が百八十円で売られていた。俺（B）はひどく傷つけられたような気がした。

　その瞬間、あの論争の価値もまた一挙に下落したように思ったからである。

◆BOTANICAL LIFE◆

DO YOU BE-LIVE IN FLOWER POWER?

1998年7月

(July)

DO YOU BE-LIVE IN FLOWER POWER?

◆BOTANICAL LIFE◆

虫ども

[1998・7・16]　梅雨の現象

猛烈な暑さが続き、早くも梅雨明けかと思われた初旬。しかし一転梅雨空が戻り、昨日の夜などは秋のように冷えた。エルニーニョなどという半ばトッポジージョにも似た名前をようやく覚えたと思ったら、今度はラニーニャだそうだ。なんというか、口の中で転がすとネバネバしそうな気がする。少しチーズの味がする。

さて、一般に、ベランダーにとって梅雨は気楽な季節だと思われている。なにしろ水をやらなくとも雨が降る。しかも直射日光をさえぎったりする手間もいらない。

だが、もちろん梅雨は俺たちにとって災厄である。ベランダに雨が降り込むとは限らないから、油断すると表土がからからに乾いてしまう。かといって少しでも多めに水をやったら最後、湿気によって根腐れが起こる。

一番困るのは虫だ。この時期、ちょっと目を離すと植物どものあちらこちらに虫がつく。俺が嫌いなのは、あのショウジョウバエみたいな小さな黒い野郎である。なんという虫かは知らない。そう言うと馬鹿《ばか》にしたような顔になって、あれはカイガラ虫ですよとか、あいつはモンドウオオガラスですなどと鼻を高くするやつがいるが、あいう輩《やから》もどうしたものか。俺は別段、虫を飼っているわけではないのである。鉢の世話をしているのだ。虫の名前など知ってどうなるものでもなかろう。おお、カイガラ虫よなどと話しかければいなくなるというわけでもない。ラニーニャと呼んだところで陽気が変わらないのと一緒だ。

知っていようがいまいが、やつらはいっこうおかまいなしで土の表面からブワッと飛び立つ。そういう時、土は必ず湿っている。ほとんど腐りかけた水を養分として、やつらは育つのだ。そもそもどこに卵があったのかが謎《なぞ》である。買ってきた土自体に卵がたっぷりと入っていたと考える他ないのだが、こっちは虫入りなど金輪際頼んでいない。勝手に混じり込んでついてくる。ひょっとしたら根腐れ予防の警報みたいなことになっているのかもしれない。危なくなったら、何はともあれまず虫がわくような仕掛けになっているのだ。

その警報たる虫どもは妙に体が固い。小さいくせに、手の甲や顔に当たると意外な痛みを感ずる。いや、まあ印象である。実際それほどの衝撃があるとも思われないのだが、大群を見つけた時の恐怖がなぜか俺にそう記憶させてしまう。ショウジョウバエならもう少しお手やわらかである。やつらの方は凶暴で、カチンと当たってくる……気がする。だから、頭の中もカチンとくる。体積に対しての重さが問題なのか、俺はあのカチンと当たられるのにめっぽう弱い。例は反対だが、持ってみたら予想外に軽かったスイカみたいなもので、自分の予測を裏切られたことに無性に腹が立つ。だから、ほとんどいきり立つようにして殺虫剤を手にすることになる。いらだっているから、もう茎も折れよとばかりに薬を噴射する。噴射してもやつらはフワフワと飛んでにやにやしている。いや、にやにやしているかどうかは知らない。知らないが、俺にはそうとしか思えない。

はっとして噴射をやめる。長い時間噴射していると冷たさで植物がやられてしまう。じっと我慢して虫どもの動向を探る。土くれの小さな陰からもぞもぞと出てくる間抜けがいる。あいつをどうにかしなければと思うと忍耐がしきれず、また噴射を始めてしまう。

こういう調子で植物はだいぶ傷つく。二日もすると葉は黄色くなって落ちるし、根の調子も悪そうになる。虫はといえば、水やりを控えた元の鉢から隣に移動していつの間にか増えている。そのまま噴射範囲を広げれば、俺のベランダ生活は危機に瀕《ひん》する。必死に歯を食いしばって散水を控え、とにもかくにも虫どもの温床を消滅させせんとはかる。だが、悪いことに世間は梅雨である。そういう時に限って湿気はなかなか去らない。去らないからあの、もういい、ここはラニーニャと呼ぶことにしよう、ラニーニャどもはいい調子であちこち飛び回り、俺の手や顔に当たる。

こうして、毎年毎年梅雨の季節になると俺はラニーニャどもと戦うはめになる。部屋に入ってきたラニーニャが知らぬ間に冷たい麦茶の上で泳いでいたりする。朝起きるとラニーニャが枕《まくら》にへばりついていたこともある。煙草《たばこ》を吸えばラニーニャが迷惑そうに飛び立つし、干している途中の洗濯物にしがみついて水分を補給したりする。しまいには水を欲しがって水道のそばにいたりするから、俺は猫でも飼ってるのかという気にさせられる。

こういういちいちの所業に腹を立てているうち、ラニーニャは忽然《こつぜん》と消える。晴れてこちらは葉の根元に白い粉をふく虫だの、サビ病だのと戦うことになる。それらも梅雨に多く発生する虫や病である。だがもちろん、消えたラニーニャはすでにそこら中に卵を産みつけているのである。去ったかに見せかけて、やつらは次の湿り気を虎《こ》視《し》眈々《たんたん》と待っているのだ。少しでも湿れば、その時とばかりにラニーニャ軍団は出動する。黄色いカナリア軍団も恐《こわ》いが、この軍団も相当なものである。シュートはしないが当たりは強い。退場の心配など毛頭なく、ひたすらにぶんぶん飛び回る。

梅雨はだから面倒である。確かにすくすくと植物は伸びる。だが、他の生命もぶくぶくとわいてくる。一瞬の隙《すき》でやつらは植物の茎にたかり、土をくらい、花びらの裏にひっついて我が世の春を謳歌《おうか》しようとする。

そして俺は神経質に殺虫剤を持ち、毎日ベランダを監視する。同じ生命をなぜ選別するのかという問いには答えられないまま、俺の戦いは一進一退を続ける。やつらだけは許せない。やつらは俺に当たってくるからだ。

ベランダー思想

［1998・7・19］　ロケットの行方

おとといだったか、友人のみうらじゅんという男が家に来た。新宿の居酒屋で飲んでいたら、急にいとうさんの家に行くと言い出したのである。タクシーを飛ばして長旅を決行し、家について茶をふるまっている間、いとうさんちは仮面飾り過ぎだとか、この部屋は東南アジアの香りがするとかうるさい。

笑って聞き流していると突然思い出したように、ガーデニングはどれよ？　と言い始めた。文法が乱れている上に顔が赤い。俺のはベランディングだと注釈をつけるのも面倒だから黙って立ち上がり、そのへんの鉢植えを指さしながらベランダまで歩いた。お、室内からもう始まってんの、などと驚いてみせながらみうらさんもちどり足でついてきた。

実は、ベランダはすでに家に着きしな、見ているのである。見ていたのだが、まさかそれが「ガーデニング」だと思っていなかったらしい。みうらさんはなんだかがっかりしたような、拍子抜けしたような調子で並んだ鉢植えを見やった。そもそも興味がないことをうっかり聞いてしまったこともあるが、それより何より彼としてはイメージが大きくくずれてしまって困ってしまったのである。

たぶん、ブロックをオシャレに積んだり、素敵な大鉢から花が咲きこぼれていたりしないことに肩すかしをくらったのだった。外に出てぶらぶら歩き、二人でバーに入って飲み直し始めながら、俺はガーデニング幻想が意外に根強いことについて考えていた。

その間もみうらさんは関係のないことをしゃべり続けている。どういう内容かというと、俺を主役にした映画の構想だそうだ。冒頭、クレーンで浅草寺《せんそうじ》をなめると境内に俺がいるらしい。いきなりケーナ（演奏田中健）で寅《とら》さんのテーマが流れ、スクリーンにでかい文字が出る。人情の二文字。

みうらさんはあたりかまわず大声を出して興奮している。そこでいとうさんの部屋に灯りがともるんだよ、シュノーケルカメラがグワーッと入っていく、部屋には仮面がたくさんある！　ようするにさっき自分が体験したことに過ぎない。子供が見る夢みたいなものだ。

俺の方はなおもガーデニングについて考えていたのだった。植物を育てているというと、人はもはや必ずブロックや素焼きの洒落《しやれ》た大鉢を思い出してしまうのである。まさかプラスチックの鉢だの薄汚れた鶏糞《けいふん》の袋だのが転がっているとは思わない。いや、別に洒落ていてもいいのだ。素敵なベランダを作るべく努力を重ねることに文句はない。それも同志であるし、俺も出来ればそうしてみたいとも思う。

だが、狭い空間にどれだけ多くの鉢を詰め込むかという問題が立ちふさがっている以上、俺はどうしても洒落たベランダ作りに傾けない。数で勝負のそのベランディングが、しかしガーデニングに対抗出来るだけの美の秩序を生み出せなければ、俺はただ漫然と鉢を買っているだけの趣味人になってしまう。そこが大きな課題なのだと思った。例の、道にトロ箱出してるばばあと沈黙のうちに共闘関係を結びながら、そのアナーキーぶりをゆるやかな秩序として形にしなければならない。

それがガーデニング思想に見られる十八世紀啓蒙《けいもう》主義的な、つまり植物学に根ざした美でもなく、十九世紀ロマン主義的な西洋散歩思想を前提とする美でもない何かにすること。つまり、何かあるとすぐに美学と言いたがる弱々しい日本の馬鹿どもをよせつけない思想的核心を俺たちベランダーは持つ必要があるのではないか。俺はそう考えたのである。

知らないうちに俺を主役とする映画はSFになっていた。俺の首は、みうらじゅんいわく「グニョーンと伸びて」下町から宇宙へと飛び出していた。飛び出したのはいいが、またケーナの演奏が流れて人情の二文字が出てくるらしい。ほとんど実験映画である。しかし、酔っぱらった友人が口から泡を飛ばしてしゃべるそのラストシーンのわけのわからなさにこそ、俺の求めている何かの核心があるような気がした。

俺たちのベランダはロケット基地である。いや、鉢の土それ自体が小さな基地なのである。道ばたのトロ箱も、玄関に釣ったパンジーの鉢も、おやじがステテコで水をまいている屋上も同じだ。その基地で俺たちはオンボロのロケットを育てているのではないか。なにせオンボロだから、宇宙論を植物のマンダラ的な配置で示すなどという金のかかる偉業とは関係がない。時にはおじぎ草である。時には他人の家の軒下から拾ってきた朝顔の種である。あるいは買ってきた鉢についてきた種類のわからない花である。

それらオンボロロケットに俺たちは給油をする。整備をし、時を待ち、次から次へと空へ放そうとする。かつて宇宙から降りて来た緑を、俺たちは再び宇宙へ返そうとしているのだ。だからこそ、庭に根を張らせず、あくまでロケットとして育てているのである。発射失敗を重ねながら、基地のロケットたちは花開き、丈を高くする。アメリカの砂漠からロケットが飛ぶように、俺たちの基地もまた乾いた砂と枯れ落ちた葉に満ちている。サソリのかわりにアブラムシが這《は》っているだろう。粗野でのっぺりした風景の中に突っ立つロケットたち。だが、やつらは確実に下から上へと伸び上がる。伸び上がって風に吹かれ、空の向こうを見ている。

友人をタクシーに乗せてからゆっくりと歩き、二十世紀も終わりのベランダに一人で帰りついて、俺はようやくベランダーの役割を見つけたような気になる。友人が何度もやってみせてくれたように、植物たちは「グニョーン」と首を伸ばし、今飛び立つ前だと言わんばかりに闇《やみ》の中で揺れていたからだ。

俺たちのベランダを荒涼とした平野にせよ。

そこに今すぐ、オンボロなロケットを配置せよ。

何基も何基も、あるいはひとつ。

雑然としたロケットの位置は、太陽に決めさせよう。

宇宙のすべてを知ることなど出来ないのだから無言のままでいて、しかし緑色のロケットの胴体がつながる成層圏の彼方《かなた》のことを時には考えていよう。

宇宙に届こうとするそのロケットどもを見守って、限りのある俺たちは砂の舞う狭い土地の脇《わき》に立っていよう。

それが俺たちのベランディングだ。

BOTANICAL LIFE

DO YOU BE-LIVE IN FLOWER POWER?

1998年8月

(August)

DO YOU BE-LIVE IN FLOWER POWER?

BOTANICAL LIFE

睡蓮《すいれん》 [1998・8・20] 祭の後

ベランダでへたり込んでいるのは睡蓮である。大きな蓮《はす》やら茶碗《ちやわん》蓮やらですっかりこりたはずの俺は、すでに先月睡蓮を買い込んでいたのだ。そして、やっぱり失敗してしまった。

ほおずき市に心浮かれ、二日続けて浅草寺の境内をうろついた俺は、しかしほおずきを買う気にならなかったのである。そのかわり二鉢買ったのは母親だった。今年は親孝行年と決めていたので、俺はほおずき市に両親を呼んでいたのだ。

近頃薄々気づき始めていたことなのだが、このほおずきを二鉢買った母親が驚くほどの植物好きなのである。やたらにくわしい。無数のほおずきの中でも鋭い視線をあちこちに走らせ、結局抜け目なく立派なやつを入手していたし、ほおずきに便乗して寺の裏に立った植木の屋台の前にいても「ああ、ほら、お父さん、これうちでも育てたやつ」とか、さかんに俺に差をつけやがる。しまいには俺が手を出しかけた植物に対して、それは育てにくいからやめろなどと忠告する始末である。

いつからそんな風だったのか、俺にはまるでわからない。確かに俺のボタニカル・ライフの起源には母親がいた。ある日、笹《ささ》と金のなる木とオリヅルランをほとんど無理やり俺に持たせたのだ。世話が下手でやつらが枯れ、しかし長い時間ののちに水をやると突如若葉を茂らせ始めたというのが、俺が鉢植えにはまる始まり、起源の喜びだった。

だからといって、俺が小さな頃からそうだったようには記憶していない。うちにいたのは金魚やらヒヨコやらだった。そのうち家庭菜園みたいなことをやり出したのは知っていたが、それにしたって俺が物を書くようになってからのことだ。しかも、当時は街路樹のひとつひとつを見て「あ、花みずき」とか言い出しはしなかったのである。俺への対抗意識なのだろうかとさえいぶかしむほど、母親は正確にくわしく植物の名を言い、そしていつくしむ。俺のような忘れっぽいベランダーとは違うのよと言いたげである。

いや、俺がその言葉を世界から閉め出していたのかもしれないと考えることがある。母親はいつでも御近所の鉢植えに目を配り、あるいは道の上を覆《おお》う木を見ては「あ、モクレンが咲いた」などと言い続けていたのかもしれない。俺がその言葉を聞いていなかっただけなのではないか。そう思うと俺の育ってきた年月の質が変わる。俺は無意識のうちに植物への愛を貯《た》め込み、知らぬ間にそいつを爆発させただけだともいえるのだ。だが本当のことは何もわからない。母親に聞いたところで、昔から好きでしたよと言うに決まっているからだ。

小さな頃に別れた子供にこの間会った。彼女が植物に興味を示していることは前から知っていた。そこで二人で道を歩きながら、見つけた植物の名前をどっちが多く言えるかというゲームをしようと持ちかけた。そうでもしないと徒競走ばかりさせられるからである。走るコツというものを会得《えとく》したばかりらしく、父親の俺にその披露をしたいのだ。

そして、驚くべきことに、彼女は完璧《かんぺき》に俺を打ち負かした。小学校に入りたての彼女は次々に「あ、ポーチュラカ」と言い、「あ、タチアオイ」と言い、負けまいとあわてている俺の間違いを正し、あまつさえ「あ、ヨウシュウヤマゴボウ」などとすさまじい知識で、わずか十分ほどの間に二十数種の植物を同定して俺を圧倒したのである。教えているのは元の妻以外にないのだが、それほど植物にくわしいとは俺は知らずにいた。娘はやがて道の端に咲く小さなオシロイバナをつんだ。つんだらかわいそうだよと俺は言ったが、彼女は気にせずに香りをかぎ、コップに入れておけば長持ちするなどと軽くいなして、それを指にはさんでまた歩き出した。花のさかりを何気なく楽しみ尽くしてそれを身につけ、しおれたら土に投げてやる。花をつまないことよりもその方が自然な関係なのかもしれないと俺は彼女の小さな背中をながめたものである。

俺以外の俺をめぐる女性たちがみな俺以上に植物と気兼ねない接触をし、それらを様々に見分けては愛している。俺だけが取り残されて得々と文章を書き、ベランダーなどと言い張っている。その事実が俺をぽつねんと世界に取り残す。気づいてみれば俺以外の人間の誰もが植物とともにいて、俺はただコトバの世界の中にしかいない。

話は睡蓮に戻る。両親が帰ってから俺は夜遅くまでやっている市に再び立ち寄った。やめろと言われた睡蓮がどうしても欲しくなったのだ。そのひと鉢を差し出す俺に、露店のオヤジは「蓮にはコツがあるんだよ、コツが」と言った。あたかもお前には育てられないと言わんばかりである。それを教えて欲しいと俺はコトバで言った。オヤジはじゃあ教えてやると唾《つば》を吐き、それから全く別の植物の鉢を手に取ってなにやらわけのわからない数値を口にし始めた。「いいか、八センチ、いや十センチかな。ここから十センチ」とオヤジは言う。何が十センチなのかと尋ねると、よし今から書くと答える。そもそも目の前に出してきたのは睡蓮の鉢ではないので、どこから十センチかも何を十センチにするのかもわからない。わからないが書いてくれるならと俺は待った。オヤジはビニール袋にマジックインキで何かを書き始めた。書きながらも「コツがあるんだよ、十センチ、いや十五かな」と言う。数値は揺れていた。

俺はコツを知ろうと渇望《かつぼう》していた。植物を愛する人間が体に刻み込んでいるべきコツ。俺は小さな花を手折ってもいい人間になりたかったのかもしれない。オヤジはコツをすっかり書き終え、そのビニール袋を持って数秒俺をにらみつけた。なんだろうと黙っていると、睡蓮はどこだと聞く。自分で後ろに置いたくせに忘れているのだ。そこにありますと俺は丁寧に言った。オヤジはそれでもしばらく睡蓮を見失っていたがやがて視界に入れ、そのひと株を軽々と持って袋に入れた。

「いいか、十センチ、いや八センチ、一寸だな」と、オヤジは矛盾だらけのコトバで俺を送った。そうですかと俺は矛盾を受け入れ、新しい人間になるべくコツを知ろうとした。ほっと大きく息を吐き、ビニール袋を見た。おそるべき情報がそこにはあった。

「スイレン」「八センチから十センチ」。そのたった二行。

結局、俺にはなにひとつわからない。そして、わからない俺の回りで人間たちが植物を愛し続ける。

ムクゲ

［1998・8・23］

老いたセミの恋

劇的に丈が変わることもない。余計な枝が出ることもない。最初に咲いた夏とほぼ同じ姿でいるその六十センチほどのムクゲは、どうもおかしな習性を持っている。世田谷のベランダでも、そいつはハチを誘っていたのである。夏、あれこれの植物に水をやっていると足長バチが迷い込んできて、ふらふらとムクゲのそばに寄っていったものだった。花が咲いているわけではない。だから、ハチは面食らってムクゲの回りを残念そうに飛び、しかしとりあえず細い茎にしがみついて休憩する。他に咲いている花があるのだからそちらから蜜《みつ》でも花粉でも取ればいいのに、ハチはしばらく茎を上下に移動し、なんの収益もなしに去るのである。

何度か同じことがあった。ハチはどこからともなくやってきてムクゲに止まり、まだ花が咲いていないと知ってか、さびしく空に向かったのだ。そして十日ほど前、またも足長バチが来たのである。すでに俺は越している。だから、台東区のベランダにおいても、ムクゲはやはりハチを寄せつけたのである。やはり花は咲いていなかった。蕾《つぼみ》がふくらんではいるが花までは遠かろうと思われる時期に、なぜかムクゲは独特のフェロモンか何かでハチの心を惑わせるらしい。魔性の少女、ムクゲ。

そして、三日前。明け方セミがうるさいと思いながら眠り、昼過ぎに起き出すと、今度はムクゲの細身にセミがしがみついていたのである。ムクゲのあまりのスレンダーぶりのせいで、セミはほとんど自分の足同士をからみ合わせているような具合になっている。幼女にイタズラをしている青年みたいな怪しさなので、俺は一瞬目をそらしてしまったくらいである。もちろんのこと、花は咲いていない。蕾が静かに上を向いているだけである。

いきなり抱きついてきたセミのことなど気にせず、ムクゲは一心に日を浴びている。追い払えばかえってムクゲの記憶に性的な印象が残ってしまうような気がして、俺は水やりをあきらめ、セミを放っておくことにした。夕方見るとすでにイタズラな青年はいなかった。安心してそこら中に水をまく。だが、その夜もその次の夜も、ベランダ付近でパサパサと音がするのである。まあセミが多い季節ではあるから、やつらがビルの壁にしがみついたり、数秒迷い込んで飛び去ることもあろうと俺は最初気にしていなかった。

二日後の昼、それにしてもパサパサ言うことが怪しくなってベランダを注視した。するとムクゲからは最も遠いベランダの端、紫蘇《しそ》と朝顔の鉢の合間にセミが潜んでいたのである。アスファルトの上でじっとしている。床を這《は》う形になったセミが残り少ない命であることは経験上知っていた。死にかけのセミに触れ、すっかり弱まった振動を手に感じるのはいやだったが、死骸《しがい》を取るのはもっといやだ。俺は勇気をふるってセミに手を伸ばし、久しぶりにやつを指ではさんだ。ぶるぶる震えることもないが足の動きはさほど弱くない。試しに放り上げると、セミは十分な力で飛び始め、カーブを描いてよそのベランダの方へ向かった。

その近所迷惑な軌跡を眺めながら、俺はそのセミの心のうちを思いやった。まだ咲き誇るまでに時間のかかるムクゲにしがみつき、だがあきらめきれずに周囲をうろついているうちに、やつは飛び回ることをあきらめてしまったのではないか。それでも老いらくの恋を捨てきれず、鉢の陰からムクゲを見守るつもりだったのではないか、と。ろくでもない考えである。虫だの花だのを本気で擬人化するメルヘンなことは許されない。許されないのだが、セミが飛ぶ数秒の間、俺はついそう思ってしまったのである。

セミは視界から消えた。どこかのベランダでやつは今日死ぬだろうと思いながら、俺はムクゲを見やった。そして驚いた。まだ先になるだろうと思われた蕾が予想外にも開き、その割れ目からサーモンピンクの花びらが飛び出していたからである。

ムクゲの花びらはよじれたまま、今日も開ききらずにいる。まるでセミのために咲こうとし、セミの姿がないので思案しているかのように。そのムクゲの花に向けて、俺は霧吹きでたっぷりと水をかけ、植物ではない俺たちはああやって死ぬのだと言い聞かせる。

◆BOTANICAL LIFE◆

DO YOU BE-LIVE IN FLOWER POWER?

1998年9月

(September)

DO YOU BE-LIVE IN FLOWER POWER?

◆BOTANICAL LIFE◆

サボテン
[1998・9・22]
サボテン倒壊

サボテンの新世代はその後もゆっくりと育ち続け、身長十センチを超える若々しい塔となっていたのである。ところが、今年の初夏。二本あった親サボテンの一方が倒壊したのであった。もともとあちこちに茶色いシミが出来ていたとはいえ、まさか根元を腐らせて倒れるとは想像だにしなかった。

とりあえず、まだ生きてはいるから根元を切断する気にもなれず、鉢のふちに体をようよう持たせかけているそいつを俺はピサと名付けて見張ることにした。これまで名前などなかったのである。それが死にかけで初めて名付けられたとなれば、ほとんど戒名みたいなものであった。

ピサ居士《こじ》……。なんだか決まらない。いやいや、決まる決まらないではなく、まだ死んではいないのだ。居士は余計である。ここはあくまでピサとしておこう。

ピサのやつは緩慢に腐敗していく。いい加減自らの重みでちぎれるのではないかと思われてから、もう二カ月ほどになる。それでもポロリとはいかない。ここ一週間ほどで根元は乾いた皮だけになっている。中はどう考えても空洞だ。空洞のくせに、その上の部分にはまだ緑が残っており、あきらかに生命活動を延長しているらしい。まったくもって謎《なぞ》である。

あまりの不思議さに、問題の皮部分を何度も触ってみようとするのだが、相手はサボテンである。トゲがあってうまく触ることが出来ない。したがって俺は倒壊した先の方を軽く持ち上げ、その感触で根元の様子を推し量るにとどまる。これがなんとも悔しい。

俺は知りたいのである。皮を破ってみたら中がどうなっているかがどうしても知りたい。こういう興味は人類不変である。というか、不変ということにしておいて、皮をざっくり切ってみようという算段である。植物主義とか言っておきながら残忍にも倒れかけたサボテンの根元を切る俺への言い訳だ。

で、やってみた。いや、ほんのちょっとである。ハサミでほんの数センチ。パリパリに乾いた油紙みたいな皮である。死んだ組織である。そいつを少々切開した。言っておくが、これはあくまでも手術だ。サボテン全体を救うために、俺は泣く泣く切った。嘘《うそ》だと思うなら俺に聞いてみたらいい。泣く泣く切ったって言うから。

オペによれば、内部はやはり空洞であった。かろうじて根と茎をつなぐのは枯色をした数本の繊維である。機能しているとも思えないが、その繊維こそがピサの完全倒壊を防いでいると思われる。以上。

いや、以上ではない。こうなると、ピサの表面になぜ緑色が残っているかがますますわからないのである。その緑はすでに失われた生命の名残であって、色が消えるまでに時間がかかっているとしか考えられない。つまり、生命活動は一般的な意味では終了していたということになる。

だが……と思って俺は次なる手術に移った。移ってしまったという方がいいかもしれない。茎に現存する緑色の部分に、俺はハサミを突き立ててみたのである。結果に顔をしかめた。ジュワッと音がして水があふれ出したからである。サボテンは水を貯《た》める習性がある。それは常識だ。倒壊し、茎が根から切れて相当の時間が経《た》つというのに、野郎はいまだに保水活動を続行しているのである。

こうなると、植物が死んだといえるのはどの時点かという、これまでも考え続けてきた問題に思い至るしかない。人間ならそれは心臓停止である。そこに脳死という規定が浮上してきたわけだ。だが、サボテンからあふれる水を見てしまえば、自然と血液のことを考えざるを得ず、身体《からだ》が生きているのに死を宣告することの是非に俺は黙り込む以外ない。このサボテンが死んでいるかどうかを決めることさえ、おそらく我々にはいまだ不可能なのだ。農業的には死んでいるだろうが、ベランダー的には生きている可能性がある。なにしろそのまま枯れるまで見ている道もあるからだ。では、ベランダー的にいって、脳死は死なのか。

手術などと言い張ったために、俺はかなり科学者めいた気分になってしまっていた。うっかり根元を切開したおかげで、俺はむしろピサを捨てることが出来なくなり、あまつさえ生命の尊厳にまで思いを広げたのである。これが俺の妄想癖というやつだ。ベランダー的な結論がもしあるとするなら、勝手に落ちるまで放っておく以外になかった。これまでにしたところで、俺にやれることといったらたまの水やりとアンプル投与だけだったのだ。ひとまずピサのことをそう考え、鉢を手術台から元の場所へと移動させた。

どう考えても全体としては死んでいる。

だが、組織は生きている。

植物人間などという言葉は人間に対しても植物に対しても失敬だ、と思った。人間が自らの生命の期限を規定出来なくなったその矛盾点で、あたかも相手が植物であるかのように錯覚してしまっただけである。矛盾は規定出来ないものを規定しようとする行為にこそ内在しており、おそらく生命の側にはなんの矛盾もない。

ベランダーはやはり、「勝手に落ちるまで放っておく」しかない。あるいは、ある日突然なんの気なしに切り取ってやるのだ。

吊《つ》り忍《しのぶ》 トイレット大作戦

[1998・9・25]

昔から吊り忍に憧《あこが》れていた。風鈴かなんか下げて軒先へ吊るし、涼を取るなんざ日本のベランダーにとって夏の必須《ひっす》科目といってもいいだろう。ベランダーはなにしろ、江戸の長屋暮らしをその行動の手本とする。それより前の植物事情はよく知らない。

なにしろ形がいい。針金か何かで作った山のような忍。あるいは灯籠《とうろう》。見立ての力によって、狭い窓際《まどぎわ》をあたかも広い庭への通路のようにしてしまうわけだ。もちろん庭なんかないのだからベランダ・マジックである。裏を返せば、武士は食わねどの高楊子《たかようじ》だ。どちらにせよ遊びである。ないものをないなりに楽しむ心の持ちよう。それこそ我々ベランダー階級が学ぶべき態度なのである。

だが、相手は山シダである。物の本を読むと、井戸水またはさらした水をやらなければならない。しかも、一日数回霧吹きで与えたりする。ほとんど宝物である。よほどの暇人でないかぎり世話は不可能だ。それでこれまでの数年間、俺は我慢を余儀なくされてきたのである。ベランダ・マジックを実現するためには、自分が隠居をしないといけない。

しかし今年は秀逸なアイデアがあった。トイレの貯水タンクの上に置くという作戦を、俺は春あたりからひっそりとあたためていたのである。

用を足す。水を流す。貯水のための水が出る。忍はそれをかぶる。こうすれば、忍の水やりは完璧《かんぺき》になる。しかも、用を足す度にその瑞々《みずみず》しい姿を楽しむことが出来るではないか。

どうだ！　と思いついた時は叫びたいくらいだったが、現実的な問題は多々あった。そもそも吊していないのである。吊して風鈴下げて水がしたたって、それでなんぼの植物である。それがタンクの上にでーんと鎮座することになる。その上、井戸水またはさらし水という条件はひとつとしてクリアされてはいない。さらした水は便を流す方に使われてしまい、忍の方はいきなりのカルキ責めである。忍の立場に立てば、なんで俺よりも便を大切にするのだという話である。

要するになんの解決にもなっていない。なっていないのに、俺はなおもそのアイデアをあたため続けた。他に何も思いつかなかったのである。しかも、見切り発車で実際に吊り忍を買ってしまったのだった。七月のことではないかと思う。俺はどこかの屋台で風鈴がついた小さいやつを見つけたのだ。それも土台の木が升状になっている種類。これなら置きやすいと俺はとっさに思った。吊り忍ではなく、置き忍になることを知りながら、しかし頭の中ではチリンチリンと風鈴の涼やかな音色が鳴っていた。外さなければトイレに置けないことは承知していたのだが、せめて幻想の中で俺は忍を吊してみたのである。

水についてはどこかで腹をくくっていた。例えばメダカの水を替える際、俺は水をさらさない。カルキ抜きの薬品を入れて十五分ほど待てばいいのだが、それが面倒でいつも水道から直接金魚鉢に入れるのである。それでもメダカは生きている。元気いっぱいに苦しんでのたうち回り、最終的には平気な顔でエサを食ったりしている。メダカが頑張るんだから忍にも頑張ってもらわなければなるまい。俺はそう考えていた。

トイレに置かれた忍は事実元気なものであった。吊られてもいない。風鈴もない。水もきつい。それでもさすがに忍である。日陰でも耐え忍ぶから忍。命名の由来は実に正しかった。やつは毎日、俺が用を足したあとの補給水を頭から浴び、その屈辱に耐えてクルクルと巻いた茎を伸ばして育った。

　だが、そのうち困ったことが起きた。俺は寝る前に神経症的な頻度でトイレに行くのである。たぶん小学校六年生の時寝小便をしてしまったのがトラウマとなっており、さあ眠ろうという段になると何度も何度もトイレに行きたくなる。出なければいいのだが、その度ちょろりと出る。出るからまた心配になる。特にビールなど飲んでいるとこれがすさまじい。そんなに行くならトイレに寝ろと言いたくなるほど、ベッドとトイレを激しく往復する。

　この余波をまともにくらったのが忍であった。耐えに耐えてはきたけれど、浴びる水の量があまりに多いのである。どうせ渓流などで育つのだから水が流れ続けていても平気だろうとは思うのだが、なにしろカルキ入りである。しかも夏のトイレは風通しがよろしくない。それでなんとなくぐったりしてきた。毎日のトイレ行脚《あんぎゃ》でこっちもぐったりだが、そのたんびに水をかけられる忍も相当につらかったのだろう。

　仕方なく、ちょろりの時は流さないことにした。便座のフタを閉めておき、これが最後だと思った時にだけ流す。俺と忍の暗黙の契約がそれであった。だが、いつが最後かが俺にはわからない。おかげで便器の前でじっと考える時間が多くなった。果たして俺の小便はこれで終わりだろうか。ここで流せば忍はつらいことになりはしないだろうか。神経症的な行脚の度、俺はそういう判断を下さざるを得ず、トイレ滞在時間が非常に長くなった。

自然いらだちはつのる。そういう時に限ってまた忍の中からダンゴ虫だのムカデみたいなやつだのが這《は》い出てくる。湿っているので、元から根元に巣くっていた虫が大喜びしているのである。何が風流だ、何が風鈴だ。俺はついそう叫びたくなった。風鈴は吊していないわけだから、忍としてはいわれなき糾弾である。あんたがここに置いたのがそもそも悪い。そう言われてしまえばおしまいである。だが、ありがたいことに忍は何も言わない。なにしろ忍んでいる。

こうして夏が終わり、季節は秋へと移り変わろうとしている。蒸した空気は段々と薄くなり、ありがたいことにへたばりかけた忍も復活のきざしを見せている。言ってみれば戦いのあとである。カルキと戦い、ざぶりとかぶる水の生温かさと戦い、虫と戦い、風鈴なき身の悲しさと戦い、日々俺の下半身を見て過ごした忍……。

やがて冬になれば、やつは新聞紙にくるまれ、暗いところに保管されることになる。近頃俺はその忍の運命があまりに悲惨なのではないかと思うようになっている。たとえ冬場を越して春になっても、やつはトイレ行きなのである。そして、また苦難の毎日を送ることになるのだ。

忍よ、来年は吊してやる。おそらく三日が限度だろうが、お前の晴れ姿を母さんは楽しみにしているよ。

そのあとは悪いけれどもトイレである。ベランダに吊す場所がない以上、忍には生きている限り忍んでもらわなければならない。屋台のおやじがくれたコピー「忍の育て方」の最後には悲しいことにこうある。

「何年でも生きます」……。

◆BOTANICAL LIFE◆

DO YOU BE-LIVE IN FLOWER POWER?

1998年10月

(October)

DO YOU BE-LIVE IN FLOWER POWER?

◆BOTANICAL LIFE◆

オンシジウム

[1998・10・19]

蝶の恩返し

熱心に読んでくれている人ならわかるだろうが、実は俺のベランダー生活はここしばらく花と無縁なのである。夏前あたりからクチナシだの、ミニバラだの、お手軽めいた鉢にも手を出していたのだが、そのどれもうまく咲かせることが出来ずに終わっている。すでに書いた睡蓮《すいれん》やムクゲも結局は華やかな時期もなく葉を茂らせるばかりで、つまり俺は緑の管理人に終始していたのである。

読者からメールで『コーヒーのイジメどきです』と教わったのは七月初めだったろうか。以前花の咲かせ方を教えて欲しいと書いておいたら、きちんとタイミングよく指示を出してくれたのである。とにかく水をやらずにイジメ抜く。そうするとコーヒーは危機を感じて花を咲かせ、実を成らせるという。早速俺はコーヒー耐久テストを始めたものだった。次第に濃い緑の葉がしおれてきて、しまいにはあちこち茶色になった。ひどくぐったりしている。どういうわけか、じきに茎から蜜《みつ》状のものがにじみ出て固まり出した。花芽の気配はまったくない。しかし、今が好機だという以上、俺はイジメの専門家たることを義務づけられている。

だが、数週間で音を上げた。このままでは枯れてしまうと思ってたっぷりと水をやってしまったのだ。葉がすさまじい早さで回復するのがいじらしくて、翌日も人に隠れて水を与えた。隠れる必要はなかったのだが、スパルタ教育の出来ない親みたいな後ろめたさがあったのだ。それで、誰が見ているわけでもないのにまるで犯罪のように水やりを行った。なんというか、コーヒー耐久テストは途中から〝俺の気持ち耐久テスト〟と化しており、ついに俺はコーヒーをイジメている自分に耐えられなくなったわけだ。

朝顔と夕顔は少し頑張りを見せた。しかし双方とも二年目である。花つきは悪いし、花びらが妙に小さい。去年の種がやたらに残っていたので、つい多めに蒔《ま》いたのも悪かったのかもしれない。おかげで病弱の子供が無理に笑って見せているような哀れさを誘った。咲かなくていい、もう咲かなくていいんだと言いたいような気持ちになる。今年新たに買った大輪の朝顔の種もあったのだが、蒔き時をあやまったのかちっとも丈が伸びず、いつまでもぐずぐずしている。

そのうち、朝顔にも夕顔にも白くて柔らかい虫がついた。よく見るとたくさんの足で蔓《つる》にしがみついていたりする。手で取ろうとすると潰《つぶ》れやがるから余計に頭にきて、ある日めちゃくちゃな勢いで潰しまくった。白い残骸《ざんがい》にまみれた朝顔たちはますます悲しげな姿であった。それでも小さく咲く。白い汚れをあちこちにつけたまま、毎日少しずつ花を開く。同じペースで虫は増える。防虫スプレーをかけると今度は葉が枯れた。それでも花は咲く。こちらは暗い気持ちになる。虫と手を組んで俺にいやがらせをしているのかと思うほどであった。

元気にのびのび咲く花が欲しいと心底願った。だが、欲しいタイプの鉢がない。ミニバラでお茶を濁しても、濁っているのはバラの方ですぐにアブラムシにまみれる。花屋の店先でため息をつくことが多くなった。俺の好きな豪快な花はなく、たいていがカランコエみたいに細かく咲くものばかりである。ここは一番アマリリス級の選手を導入したいのだが、どうも需要供給のバランスがよろしくない。それで仕方なく指をくわえてベランダを見ているうち、なんとなくそのままひと夏を過ごしてしまう。

正直に言うと、気候の悪さもあって世話がおろそかになっていた。雨が多いとガラス越しに様子を見るばかりで、実際にベランダで土にまみれる機会が減る。弱ったことに、例の白い虫はここを先途と他の鉢にも領土を広げていた。気づいた時にはアイビーもジャイアントローズも虫軍勢の手に落ちていた。自然と植物の調子は悪くなり、おかげでこちらも集中力をそがれる。悪循環とはこのことである。

悪《あ》しき流れを断ち切るものはただひとつ、どうしたって花であった。鉢のひとつにでも虫をよせつけずに凛《りん》と咲く花があれば、俺はかつてのボタニカル精神を取り戻し、どんな雨の中でもシャベルを持っていそいそと労働にいそしむことが出来る。……だが、期待される花はどこにも現れない。

そんなある日のことであった。半日休みが取れ、幸い晴れ間も見えていたので、俺は鉢の移動くらいしようとベランダに出たのである。そして、あれこれの葉が重なる中にひょろりと伸びた細いリーダーを見つけたのである。オンシジウムであった。いつだったか引っ越し前のマンションのゴミ捨て場から拾ってきたオンシジウム。

花が終わったので一時は胡蝶蘭《こちょうらん》とともに風呂場《ふろば》に置いていた。だが、どちらもいっこうに花芽をつけずにいた。やがて俺はどっちがどっちかわからなくなり、一方を期待もせずに外でほったらかしにしていたのだった。それがいつの間にやら、ダチュラやトリカブトの葉の間に長いリーダーを伸ばしており、しかも点々と蕾《つぼみ》を貯《たくわ》えていたのである。

俺はうれしかった。腐敗していくベランダ王政に新風を送り込むべく、かつて受けた恩を花で返そうとオンシジウムは一人頑張っていたのである。しばらくはなるべく状況を変えずに置いた。世話もされずに奮起したオンシジウムの心意気を大切にしたかったからである。すぐに部屋に取り込むのでは、やつが必死で蕾をつけた甲斐《かい》がないと思われた。

いわば、やつは王をいさめたのである。領民の嘆きを無視し、はびこった悪をいい加減に潰してみせるばかりで外に新たな移民を求めていた俺に、やつはこう言っているに等しかった。

「王よ、我が花を見て何を思うのだ。このように我らには力があり、それを引き出すべきは貴方《あなた》であるというのに、王よ。一体貴方は今まで何をなさっていたというのか」

おっしゃる通りであった。というか、おっしゃっているのは俺なのだが、要するに反省しきりだった。次第に外が寒くなった。さすがに鉢を部屋に入れた。例の斑点《はんてん》を持った蕾がずらりと並んでふくらんでいた。日に日にそれが大きくなり、ついに開いて黄色い蝶を現出させた。次から次へと花は開き、そのまま風になびいている。昔拾ってきて咲かせた時よりも花は大きかった。それがまたなんともうれしかった。

咲かずに終わる鉢にうちひしがれ、また衰弱した花に哀れを感じていた俺は、前よりいっそう大きく開くその黄色い蝶たちに励まされていた。久々にベランダーの喜びが体中に満ち、希望があふれ出してきた。水やりのためだけに水をやり、意味もなく肥切《こえぎ》れをおそれて機械的に肥料をやっていた俺は、つまりマシンと化してしまっていたのだった。不意に咲く花に顔をほころばせ、伸びゆく茎から元気をもらう生活を俺はすっかり忘れていたのだ。

すべてを思い出させてくれたのはオンシジウムである。

あの捨て子である。

◆BOTANICAL LIFE◆

DO YOU BE-LIVE IN FLOWER POWER?

1998年11月

(November)

DO YOU BE-LIVE IN FLOWER POWER?

◆BOTANICAL LIFE◆

メダカ　学校
[1998・11・26]

生き残ったメダカはわずか一匹になっていたのであった。夏。わずか一週間ほどの間に二匹が死んでしまったのである。生き残ったやつはわりにのんびりと泳ぎ回り、生存競争に勝利したプライドをこちらにみせつけていた。なにしろ、金魚鉢にたった一匹である。テリトリー争いのストレスもなく、エサが与えられればあるだけ食っていい。

飼い主の俺としても、金魚鉢にメダカ一匹というその状況にすぐ慣れた。もう誰が誰だか迷うこともなくなったし、ゆうゆうと尾ビレを動かす生き残りの様子が王様のように優雅にも見えたからだった。

それが今月の初め、ひょんなところで出くわした御近所ベランダーから〝確かメダカを飼ってましたよね〟と聞かれることとなった。むろん正直に状況を話す。すると御近所ベランダーはなぜかうれしそうなのである。全滅に近いあり様だと聞いてうれしそうなのは妙だと思っていると、実は……と話し始めた。

その人もまたメダカを飼っていたのであった。それがこの夏卵を生み、しかもほとんどが孵《かえ》ってしまったのだという。だから、と御近所ベランダーは続けた。もらい手が必要なんです。なんでもベランダに置いたバケツいっぱいにメダカがおり、ふと見ると真っ黒だったりするらしかった。黒いのは目なんですと御近所ベランダーは言ったものだ。小さなメダカの子の目がバケツを黒く染めるとは、なんというおそろしい事態であることか。

俺は当然ながら、いただきましょうと答えた。生き残った一匹が寂しいだろうからとか、そういう人間主義的なことで引き受けたのではない。俺の頭にはバケツ一面に目玉を寄せているメダカの子たちが浮かんでいた。いくらなんでもそんなおそろしい光景は一刻も早く消してしまわなければならなかった。なんというか、悪霊《あくりょう》退散にひと役買いたいといった心持ちである。それはさぞ大変でしょうとポルターガイストが起こる家の人に同情するみたいにして、俺は数日後ガラスのコップを持って家を出た。

お招きにあずかった家にはかわいい猫がいた。だが、メダカを襲う様子はみじんもない。さすがにバケツ一面真っ黒のパワーはすごいのである。どれほどのおそろしさだろうと俺ものぞき込んでみた。だが、すでにだいぶ配り歩いたとみえてさすがに真っ黒ではなかった。なかったがうじゃうじゃいることは確かだった。藻に卵がついているのを発見してバケツに入れておいたらこのあり様だ、と御近所ベランダーは笑った。笑ってから、何匹くらい……と尋ねてきた。五匹と答えたかったが、六、七匹と声が先に出た。メダカのオーナーのすがるような目が厳しかったからである。

結局コップには八匹のメダカがいた。揺らさないように注意して歩いて帰り、すぐに金魚鉢に入れてみた。不思議なほど大きさがまちまちであった。孵化《ふか》した日のささいな違いで、幼稚園児みたいなやつから中学生みたいなやつまでいる。もちろん一番大きいのはもとからいた一匹で、それが大親分に見えた。一番小さいやつはほとんど精子じゃないかと思うくらいで、思わず「ツブ」と呼びかけてしまうほどだった。ツブは金魚鉢の汚れと見間違うくらい小さいので、大親分は完全にエサだと思って口を開けたりする。俺はがぜん心配になってきた。

知らない間にツブが食われたらどうしよう。そう思ってみていると新参者同士の勢力争いまで起こり始めた。オヤビン（大親分のあだ名である）も巻き込まれて、なんだかあちこち忙しく泳ぎ回って威嚇《いかく》などする。さっきまで五匹で十分と思っていたのに、もう俺は八匹全員の身が気になった。いや、オヤビンのストレスもかんがみれば九匹である。

通常ペット屋で買うやつは大きさが揃《そろ》っている。揃っているからか、わりとなごやかに群れ、おんなじ方向に頭を並べて行動する。川などの映像でもメダカはそんなものである。だからこそメダカの学校と歌われてしまう。ところが、こちらの学校はてんやわんやである。いっこうに群れることがないどころか、全員ばらばらに上へ下へと移動する。おかげでシーモンキーを飼っているような気になるほどで、つまりまったく統一感がない。学級崩壊というやつだ。

しかも、この崩壊した学級には小学一年生から大人までいるのである。大人の再入学生たるオヤビンは中学生を追う。追うが小学生みたいなやつに反撃されたりもする。その間、精子状のツブはおかまいなしにふわふわやっている。デタラメである。カオスそのものといっていい。

仕方ないので以前金魚どもが生きていたときに使っていた大きめの水槽を出してきた。迷いに迷ったがそこに八匹を入れた。オヤビンだけを元の金魚鉢に戻す。つまり相対的にはオヤビンは不遇の身となったわけである。小さなガキどもの方が部屋がでかいのだ。しかもオヤビンは場所を移され、より日光のあたるスペースを新入生どもに譲らねばならなくなったのである。

以来、オヤビンは冬眠するかのように静かになってしまっている。一方、大きめの水槽では崩壊学級の子供たちが今日もばらばらに動き回っている。

メダカライフもようやく落ち着いたと思っていた矢先、こうして俺は新たな魚生活に踏み出してしまった。八匹はそれぞれ勝手に育ち、いずれ繁殖期に入るだろう。次にバケツを真っ黒にするのは俺なのだと思うと、今からおそろしい気持ちになる。

◆BOTANICAL LIFE◆

DO YOU BE-LIVE IN FLOWER POWER?

1998年12月

(December)

DO YOU BE-LIVE IN FLOWER POWER?

◆BOTANICAL LIFE◆

シクラメン

［1998・12・29］

歌の功罪

シクラメンはとにかく女々しい花だと思っていた。誰でも買いやがるし、そこら中の花屋に出ているし、なんというか凡庸のきわみである。正直にいえばあの歌が一番いけない。『シクラメンのかほり』か？　かほりってことはないだろう。「どぜう」は許すが「かほり」は駄目だ。文学趣味の弱々しさが気に入らない。

それで俺はいつでも冬になると歯をくいしばった。シクラメンなら元気そうなのである。あらゆる色で咲き誇り、買って下さいといわんばかりだ。

馬鹿《ばか》にするな。俺も小椋《おぐら》同様メガネはかけているが、まだハゲちゃいない。お前の「かほり」はたくさんだ。しまいに「てふてふ」とか言い出そうものなら鉢ごと燃やしてやる。俺はそう考えていたのである。

ところが、ある日。日曜の小さな植木市でシクラメンを買う気になってしまったのであった。千円だったと思う。妙に安いシクラメンどもは屋台の棚に並べられ、多少徒長した葉の隙間《すきま》から蕾を覗《のぞ》かせたりしていた。要するにバッタ物である。ずいぶんと咲いた後で普通の花屋に置けなくなったやつを、どっかのおばさんが売っているのである。これならいいと唐突に思った。ぴょんぴょん伸びた茎からはとうの昔に素敵な「かほり」臭が消えており、くたびれたその様子がむしろ「どぜう」のニュアンスに近かったのだ。

それなら何色を買おうかとためつすがめつ見た。まず紫のやつにひかれたが、部屋が女臭くなりそうだった。それならいっそ赤々とした花にしようかとも考えたのだが、そうなるとポインセチア感が出る。ポインセチアは俺が買わないことにしている残り少ない鉢のひとつである。陽気なクリスマスに嫌悪《けんお》を覚えるからだ。次第に白が気になってきた。クリーム色がかった白い花は清潔で力強かった。鉢を手にとってみると、葉のかげに蕾《つぼみ》が隠れていた。鶴《つる》のように首を曲げ、うつむいている蕾があちこちにある。正月に向けて白鶴もよかろうと思い、ようやく購入して家路についた。

調べてみるとシクラメンは強いのである。水さえやって、あとは時たま葉を拭《ふ》いてやればいい。すると次から次へと鶴が立ち上がってきて、やがて巻き貝のような花がほころび出し、最後には蝶《ちょう》のごとく花びらを背中に向ける。普通の花と違って、花を反り返らせる姿はなんとも偉丈夫である。咲ききってしおしおした茎を抜き取れば、もう次なる鶴が構えている。これはもう鶴畑である。いくらでも鶴が獲《と》れる。俺は「かほり」にだまされて、そうしたシクラメンの強さを知らずにいたのだった。なるほど人がやたらとこの花を買い、また他人に贈るのは世話いらずでいつまでも咲くからなのだった。

ついに俺はすっかりシクラメン好きになった。白い花びらの同じ場所にしばらく小さな蜘蛛《くも》がいたのも、俺の気に入った。エサがあるとも思われないのに、その小さな蜘蛛はいつでも同じ場所に陣取っていた。不思議なことにその花だけはいつまでもしおれず、蜘蛛を乗せたままでいる。要するに俺は蜘蛛込みでシクラメンを愛し始めたのであった。

だが、いつだったか蜘蛛が消えた。その前に蜘蛛が居場所と決めていた花がしおれたのだが、奴《やつ》をつまんで移動させてから茎を抜いてやると、その日は引っ越し先にちょこんと構えていた。しかし、どうもお気に召さなかったらしい。毎日眺めていた蜘蛛がいなくなったせいで、俺はおセンチな気分になった。その俺の気弱な胸にあの歌が忍び込んできた。シクラメン購入以後、一度も歌っていなかったあの歌が口をついて出た。「真綿色したシクラメンほど清《すが》しいものはない」

俺は仰天した。俺の目の前にあるのがまさにその真綿色したシクラメンだったからである。なぜだ、なぜ俺が小椋色したシクラメンを買ってしまったのだ！　昏倒《こんとう》してしまいそうな気持ちを抑えて、さらに歌ってみた。すると小椋は「疲れを知らない子供のように時が二人を追い越してゆく」と言っていた。死んでしまうかとさえ思った。「疲れを知らない子供」は直接的なシクラメンの比喩《ひゆ》ではない。だが、連想としてはイメージを引き継いでいるのである。ならば、俺がシクラメン評価の最大の理由とした生命力もまた、小椋が手中にしていたものなのだ。そして小椋はその生命力をうらやましげに見つめる中年の悲哀へと歌をもっていく。

はめられていたのだった。気づかぬうちに俺は真綿色のシクラメンを買い、その疲れを知らない強さに魅了されていたのである。ひょっとすると、あの蜘蛛が小椋だったのではないかとさえ思った。俺にシクラメンを気に入らせ、引き返しようのないところまで導いてすかさず逃げたのだ。蜘蛛を顕微鏡でよく見てみるべきであった。あの顔だったことは疑いようもないと思えてきた。

もちろん俺はシクラメンをもって中年の悲哀を描いたりしない。そこが小椋的な何物かと俺の違いである。だが、あの花への評価がまったく同じであることはごまかしようがなかった。「清しい」といい、あまつさえ「かほり」と言う男と俺はシクラメン的には同類なのだ。

他の簡潔な言葉でシクラメンの魅力を言わなければならない。俺は焦《あせ》った。しかし、焦れば焦るほど言葉は出てこなかった。

とりあえず今は意味もなく「どぜう」とだけ言っておく。

◆BOTANICAL LIFE◆

DO YOU BE-LIVE IN FLOWER POWER?

1999年1月

(January)

DO YOU BE-LIVE IN FLOWER POWER?

◆BOTANICAL LIFE◆

モミジ再び　［1999・1・26］　ドラえもん独立

しばらく雨が降らなかったが、冬は水やりが少なくてすむ。すむとか偉そうに言ってるが、実際は「うっかりやらない日が多かったのに損害がなかった」というだけのことである。他の時期ほど蒸発がなく、水が多いとかえって凍る。その点では、ものぐさなベランダーにはいい季節なのかもしれない。

増えた鉢といえば、二度目のオブコニカくらい。いまだ衰えないシクラメンの近くで、あのてんこもりの花を咲かせている。プリムラ類。葉が固くちぢれ気味で、肌の弱い人はかぶれる。花の印象は「大きなニチニチ草」という感じだから、どうしたって庶民派である。その庶民派が意外や意外、触ると危険なのである。身持ちの固い娘っ子と言えばいいだろうか。

四枚の花弁それぞれの先が二つ三つに割れている。咲きそめの頃は薄いピンクで、それがだんだんと赤紫に染まっていく。一本の茎から枝分かれして競うように花をつけるから、花弁は自然互いに重なり合い、めくれ上がったりする。ぎっしりと、しかし軽やかに咲く。大群の蝶《ちょう》がいるような浮き立った気持ちにさせてくれる。しかも、強いから育てやすい。俺の好きなタイプの鉢である。

以前育てていたやつも元気は元気だったのだが、強いだけに葉の徒長が激しく、次第に花が小さくなってしまった。もともと何年も育てるような鉢ではないのだ。それでも無理やり育て続けるのがベランダーの掟《おきて》ではあるものの、花が小さいとやはりつい邪慳《じゃけん》に扱ってしまう。置き場所にも世話にもハンディが出て、やがて根腐れ気味になり、往年の華々しさが信じられないような腰の曲がった老婆《ろうば》になって他界した。潔《いさぎよ》く咲いたものは、潔く土に帰す。そういう心持ちが必要な気がし始めている。

さて、そんなオブコニカの繁栄の陰で今問題になっているのは例のモミジである。いや、元気だ。枯れたりはしていない。ただ、二本それぞれの育ち方があまりに違うのである。それがどうにも不思議で心配なのだ。

そもそも、根がついた直後から差は出ていた。一方はすくすく育つのだが、もう一方がどうにものんびりしていたのである。それがここにきて、とんでもない差になってしまった。「のび太くん」（育っている方のあだ名である）はすでに二十センチを越している。ところが、「ドラえもん」（一方がのび太なら仕方ないではないか）はようよう五センチ。

少し大きめの鉢に植え替えたのが、確か去年の秋だった。その時はそれほど歴然とした差がなかったように記憶している。だが、いつからかのび太はドラえもんの分の栄養をがめつくかすめ取り始め、森の掟にしたがってより多くの太陽の光を吸収してぐんぐん発育したのだった。俺は気がついてすぐに鉢の位置を修正し、太陽の側にドラえもんを向けたものである。そうしないと、のび太の陰に入ってますますいじけてしまうからだ。

ところが、一度いじけたものはなかなか背筋を伸ばさない。最近では太陽欲しさにぐにゃりと曲がり、どうにもさもしいチビ助になっている。それを見下ろすのび太のまた得意そうなこと。背が大きい分だけ葉の数も多いから、余裕しゃくしゃくあたりを見回し、すっかり金満家の様子である。ドラえもんは勢いに押され続け、日照権を主張する気も失《う》せているといった状態だ。

弱肉強食なのである。動物と違って植物界は平和なイメージを持っているがとんでもない話である。先に伸びたやつには必ずといっていいほど福がある。新参者は馬鹿《ばか》をみる。根をからめられ、日光のおこぼれをちょうだいし、ひっそりと生きていくしか手がなくなる。じっと不遇に耐え、隣の金持ちの家が虫かなんかの放火癖で焼かれてしまうのを待つ以外ないのだ。一方はこれみよがしに成長する。一方は他人の不幸を待ち続ける。それが植物の世界である。

俺は一カ月ばかり前からドラえもんを独立させたいと思っている。いくら宿題をかわってやっても、のび太はたいした感謝などせず、勝手に遊び勝手に発育する。これではドラちゃんの立場がない。未来にでも帰ってもらう以外なくなってしまう。

だから植え替えなのだが、俺はこわいのだ。ここまで育ったモミジが植え替えを期に弱ってしまわないかとひやひやしているのである。のび太の執拗《しつよう》な要求を満たし続けたドラえもんが、果たしてうまく独立してくれるか。俺にはその確信がない。

のび太だって心配である。弱いドラえもんがいたからこそ、何か底知れない植物的なシステムで元気に背を伸ばしていたのかもしれないのである。これは藤子不二雄Ｆとか A とかいうものの別れにも似ている。どちらかが弱く見えたり、順風満帆に見えたりしていても、コンビネーションの妙がある。他人にそれを見通すことは不可能である。

さあ、どうしよう。

のび太くんとドラえもんの別れはすぐそこに迫っているのだ。

◆BOTANICAL LIFE◆

DO YOU BE-LIVE IN FLOWER POWER?

1999年2月

(February)

DO YOU BE-LIVE IN FLOWER POWER?

◆BOTANICAL LIFE◆

モミジ ［1999・2・24］ ドラえもんの打たせ湯

先月書いたモミジの植え替えを今月半ばに行ったのであった。辛抱たまらぬという感じである。

俺は細心の注意を払った。出来る限りゆっくりと土を掘り起こし、あたうる限りの愛情を注いで小さい方（ドラえもん）を抜き取り、あまりにおそろしいので根から土を叩《たた》き取ることもせずに新しい鉢へと移したのである。

ドラえもんは独立にあたってなんの文句も言わなかった。のび太は気づいてもいなかった。現に今もスクスクと伸びているくらいである。

ところが、新しい鉢にたっぷりと水をやるにあたって、俺はとんでもない間違いを犯していたのであった。植え替えに粗相がなかったことに気をよくして、うっかりしていたのである。

ほくほく顔でよく日のあたる場所に鉢を置き、土の固さを確かめようと指を伸ばしたその時であった。なにやら土が温かいのである。俺は何が何やらわからなくなった。立ちくらみがしたくらいだ。そんなに妙な温度を保つ土などこの世にない。もう一度触れた。やっぱり奇妙な温度である。あっと思った。振り返るとキッチンの水道のレバーが思いっきり「赤」の方にひねってあった。

直前まで食器を洗っていたのである。かなりの高温で俺は皿だのコップだのの汚れをとっていたのだ。その水、いやはっきり言えば湯を俺は植え替えたばかりの弱いモミジにジャージャーかけていたのである。

ほとんどその場にくずおれそうになった。大切にしていたモミジ、だからこそ独立させて別天地で静養させせんともくろんでいたモミジに、俺はなんとしたことか湯をかけてしまった……。

すぐさままた植え替えようかとも体は動くが、かえってダメージだったらどうしようという懸念《けねん》が頭をもたげる。一回の植え替えでも植物は体力を奪われる。とまどう根に向かってあまつさえ湯をかけられたモミジの消耗はいかばかりであろうか。

絶望の中で俺は土がそのまま常温になるのを待った。ほんの少しだけ冷たい水をかけて中和してみたことを正直に付け加えておく。

あれは温泉だったのだ。そう俺は自己弁護していた。なかなか背を伸ばさないドラえもんに、俺は温泉治療を施したのである。考えてもみろ、と俺は自らをふるいたたせた。露天風呂《ぶろ》の横にはよくモミジが生えているではないか。ということは根は温まっているのである。あたかも冬山のニホンザルが湯につかるようにして、俺のモミジもまたほろ酔い機嫌でいるに違いない、違いないのだ。それ以外に俺のこの苦い後悔を慰める言葉は見つからないのであった。

あれからもう二週間。ドラえもんの背丈は伸びない。さっき書いたようにのび太は一人暮らしを楽しみ、五ミリは伸びているのである。しかも、ドラちゃんの新しい葉は心なしか紅葉気味である。おそらく一瞬の熱湯サバイバルを経て、唐突に秋が来たと思っているのだ。

もしもこれでドラえもんが元気になれば、と俺は深い罪悪感を消すために願っている。温泉治療は他の植物にも応用出来るのではないか、と。少なくとも死にはしなかったドラえもんへの厚い感謝を込めて。

熱い感謝ではない。

招かれざる客

［1999・2・25］

鳩《はと》

三日前、眠ろうとしていると頭の方で奇怪な音がするのであった。クルックーともポーポーとも聞こえる。なんというか化け物じみていて、しばらくは身を固くしたものである。

そのうちバサバサッと鳥肌のたつような羽音がして初めて、それが鳩なのであろうと得心することが出来た。それまでのおそろしさといったらなかった。

起き出してカーテンを開けてみると目の前にそいつがいた。ベランダのふちに留まって、あちこちを見渡している。浅草寺《せんそうじ》のそばだから鳩が来てもいっこうにおかしくないのである。だが、今までは一羽たりとも訪れはしなかったのだ。

ベランダに実のある植物が置いてあるわけでもない。まさか葉っぱをついばむわけでもなかろう。エアコンの室外機の近くにいるから、ひょっとすると暖を取っているのかもしれなかった。しきりにクルッポーとか言っている。どうも俺は鳩の鳴き声が好きになれない。それで急いで窓を開けた。鳩はそうあわてる風もなく飛び立った。

人あしらいに慣れているらしく、その厚顔ぶりに若干腹が立った。

見ればベランダのふちのあちこちに糞《ふん》が落ちていた。これは偉いことになった、と思った。都会のベランダーの中には緑色の網を張るやつがいる。農家でもないのに、あの目玉のやつを設置している者もいる。

ちなみに目玉のやつというのは「奴《やつ》」という意味ではない。GUYとかDUDEという意味ではなく、俺は要するにあれを「目玉の風船」という具合には呼びたくないのである。なんというか、その、あれは風船ですか？　風船というものはもっと夢のある物である。空に向かってプカプカ浮かんだり、手の上で遊ばれる種類の物体だ。そこに妙な目玉を描き入れておいて風船と呼ぶ気がしない。それで目玉のやつ、である。自分の中で呼称を曖昧《あいまい》にしておきたいような野暮な感じがある。

ともかく、俺は緑のネットも目玉のやつも自分のベランダに置きたくないと願ってきた。なにしろ風流でない。空とつながっている植物どもの、その交流を断ち切ってしまうような気がしているのである。鳥や蜂《はち》や蝶《ちよう》とも自在に行き来する感覚を、俺は楽しんできたのだ。

ところが、翌日も鳩は来た。そして、目が冴《さ》えて眠れず朝七時に水をまいた今日などは、ついに鳩の野郎が逃げなかったのである。逃げるどころか、俺の水やりを仔細《しさい》に観察している。目が合った瞬間、思わずこちらが顔を伏せる始末で、どちらがベランダの主権者かさえ不分明なのである。さすがに近づいていくと飛び立ったが、それは巣からエサを取りにいくような余裕ある身のこなしであった。つまり「じき帰ってきますから」といった風で、俺は留守宅をまかされたような気になったのであった。

鳩はどうも人の腹をたてるように出来ているのだ、と思った。夜中にクルクル言ってうるさい上、いかにもそこが自分の陣地であるかのようにベランダを歩き回る。

こうなれば俺も目玉のやつの力を借りなければならないのだろうか。ついにベランダ封鎖という事態、戒厳令にも似たピリピリした雰囲気を楽園内に持ち込まざるを得ないのであろうか。

鳩。

またひとつ出会ったことのない事件を目の前にして、俺は新鮮な苦労を楽しみ始めている。

DO YOU BE-LIVE IN FLOWER POWER?

1999年3月

(March)

◆BOTANICAL LIFE◆

寄せ植え　［1999・3・16］　ひと鉢で大混乱

誕生日が三月なので、テレビ番組のスタッフから大きな寄せ植えをいただいたのである。

鉢は直径三十センチ強。真ん中に陣取って割れた葉を力いっぱいに茂らせているのは身元不明の観葉植物。いまだに何者か同定出来ぬのだが、素晴らしい元気さである。その植物の根元には二種類の苔《こけ》が植えられ、しかもその苔の間からはツタが飛び出して、鉢を二巻き、三巻き、なんだかジャングルのようにしている。

さらにさらに、うれしいことに、それら豪華な茂りの陰に小さなベンジャミンまで植わってるのであった。小さいといっても根はがっちりと太くふくらんでおり、猛禽《もうきん》類《るい》の爪《つめ》のごとく土をつかんで離さない。

俺は重量級のそやつらを玄関まで運んできて、しばらくうっとりと見とれながら思案した。さて、どこに置こうか。そういう問題が発生したのである。

置き場所の片さえつかないうちに、ベランダからシャベルと空の鉢を持ってきていた。ベンジャミンを植え替えてしまうためである。日を置けば育ってしまう。育てば必ず中央の主役と陣取り合戦になる。葉は押し合いへし合いし、根はからみ合う。それですかさず鉢を別にしようとしたのである。

本当は立派なツタも植え替えてしまいたかったのだが、そんなことをしたら最後「寄せ植え」でもなんでもなくなる。俺はみなぎる欲望を抑えて、ベンジャミンを単体にし、少しだけ苔ももらって一鉢とした。

結局、本体は北の窓の下に置くことになった。それまでは漫然と新聞を重ねていたのだが、きっちりと整理すればなんとかなると判明したのだ。で、弱ったのは新しいベンジャミンの置き場所であった。

ようやくスペースを見つけ、大鉢が片づいたと思ったのだが、ふと見ればまたひとつ増えているのである。あたかもシジュポスの神話のようである。置いても置いても増える。

俺は北の窓の前で思案にくれた。自然、少し幅のある窓の桟に並べられた四個の鉢を見る。一番はしっこのウコンがしばらく静かである。これは枯れているのではないか。いや、枯れているに違いない。勝手に一人決めして、大急ぎでウコンを取り去り、そこにベンジャミンを置くことにする。青々としたベンジャミンは窓の桟の一番左でさわやかに落ち着いた。

むろん一応ウコンの状態を確かめておこうとベランダへ行った。「死者の土」の上に中身をぶちまけてみる。すると、どうだろう。野郎は細々とではありながら、根茎を二つばかりふくらませている。やや、これはしまったとあわてふためいて、そいつを鉢に戻し、新しい土に包んでやる。すると、ウコンの置き場がない。ほとんど茫然《ぼうぜん》として鉢を持ったまま元の場所に戻った自分がいた。愚かなり。そこにはすでにベンジャミンがいる。

それで風呂《ふろ》場《ば》の小窓のあたりに置いてあったオリズルランのかたわれを無理やりベランダの劣等条件の土地に移し、風呂場にウコンを置くことにした。置いたはいいがウコンの鉢は妙に小さく、どうも格好がつかない。オリズルランの大きさがちょうどよかったのである。

引き返してオリズルランを元に戻そうとしたのだが、すでにやつはベランダの端っこでコンクリの壁に押し潰《つぶ》されそうになっていた。見るも無惨《むざん》な状態で、調子よくあちこちに移動させ続ける自分がいやになった。それでもオリズルランの置き場は変えないことにして、もっかの大問題のウコンを持って部屋中をうろうろする。ベランダに残っている場所はすべて条件が悪いのである。ウコンはベンジャミンに席を譲ったのだから、少しは待遇をよくしてやらなければ根茎から葉を出すことが出来ない。

いかにも優しげな俺ではあるが、すでにオリズルランを大変な目にあわせているのである。そこに目をつぶって徘徊《はいかい》を続けた。続けるうちに風呂場の小窓に何も置かれていないのに気づき、息をのんだ。なぜ空いているのだ！　ここにひと鉢置けるではないか！

なぜも何もない。今、手にしているウコンがさっきまでそこにあったのだ。もう俺は馬鹿《ばか》同然であった。

俺はその後も様々な鉢を持ち、土をあちこちにこぼしながら大移動を続けた。あれこれ考えた末、風呂場にはベンジャミンを置くことにして、その分が空いた北の窓の桟には復活したてのチャイブを置き、チャイブを置いたことでまたも居場所を失ったウコンを東の窓の好スペースにいったんは移動させてみる。しかし、あまりにそこが混み合って見えるので、ウコンは結局劣等条件どころか、「死者の土」から生えた葉ネギの横に埋め込まれた。今度はウコンのために少し空けた東の空間がもったいなくなって、そこにアブラムシで絶滅しかけたが見事生き返ったレモンバームの小鉢をベランダから取って来る……。

はっと気づくと俺は四時間もそんなことをしていたのである。

思いがけないひと鉢が来るだけで、俺の部屋は大混乱する。

ありとあらゆる鉢があちらこちらへと動き、また戻されては植え替えられ、そしてまた増えてしまうのである。

おお、都会。

限りある資源。

いや、限りがあるのは俺の空間把握能力ではないのか。

春

［1999・3・26］

みんなは知っている

俺は軽い風邪をひき、薬を買おうと玄関を出てエレベーターに乗ったのである。三月中旬のある日。夕方前のことだ。

エレベーターの中にはマンションの管理組合長が乗っていた。いつも俺に優しくしてくれるその人はマスクをかけていた。

「こんにちは。いやあ、僕も風邪ひいちゃって」

と俺は言った。

その人は黙って目を細め、小さく笑ってうなずいた。

俺は調子に乗って重ねた。

「毎日冷えたり暖かかったりするんで、調子がつかめなくって」

すると、その人は一瞬とまどったような顔をして、それからすぐに答えた。

「今日の風で春になるらしいよ」

「へええ、早く春が来てくれないとねえ」

その人と別れてマンションの外に出た俺は驚いた。のろのろと風が吹く町はすでに気持ち悪いくらい暖かかったのである。

俺は昼まで寝ており、一歩も外出しなかったから一人春の到来を知らなかったのであった。何が〝調子がつかめなくって〟だ、何が〝早く春が来てくれないと〟だ。これほどはっきりした陽気の変化を把握せずに鼻水など垂らし、いい加減な言葉を吐いていた俺はなんという馬鹿者であったろうか。

数分後。薬を片手に帰路についた俺は、気づいていながら認識していなかった重大なあることに思いあたった。考えてみれば、虫にやられて弱り、根元から切断してあったチャイブが芽吹いていたのである。すっかり枯れていたミントの大鉢に一点の緑が生じてもいた。こちらも死んだのではないかと半ばあきらめていた野梅の枝からも芽は顔を出していたのである。まさにその日、俺は部屋の中にいながら、すでに春の訪れを知っていたはずなのだった。

　家に戻ってあわててすべての鉢を見て回った。ミニバラが伸び始めていた。裸のムクゲにも小さな芽があった。そして、何よりも二鉢あるアマリリスのうち、部屋に取り込んでおいた方になんと蕾《つぼみ》がついていたのである。

　もはや花など期待していなかった。あきらめながらひとつはベランダに置き、ひとつは部屋に置いて様子を見ていた。それがあきらかに蕾をつけている。下手をすると太い葉と間違えかねない形だったので、俺は何度も確認した。どう見てもふくらんでいる。ベロンと伸びた葉の横から顔をのぞかせているのだ。アマリリスの情報展開速度からして、二週間先には丈が五、六十センチになり、蕾がグングン太っていってやがて花が咲きこぼれることは確かだった。

　みんなは知っていた。一進一退の陽気の中、その日突然春風が吹くことを、彼ら植物は明確に知っていたのだ。それで芽吹き、それで蕾をつけ、それで一斉に冬眠から目覚めたのである。そう思うと頭がクラクラした。風邪のせいではなさそうだった。

ベランダの鉢どもがそれを予知するのはさほど不思議ではない。だが、部屋に置いた植物は俺同様、気候の変化を温度では計りにくいのである。こまめに開ける窓から風の様子を探るのだろうか。それとも気圧の変動を計測し続けているのだろうか。

ともかく、俺以外のみんなはいつからが春なのかを厳密に測定し、声なき声でひそやかにカウントダウンを始め、そして人間がデジタル時計を横目に「ハッピーニューイヤー！」と叫ぶようにしていちどきに空へと伸び上がったのである。

みんなは知っていた。

みんなで待っていたのだ。

春を。

◆BOTANICAL LIFE◆

DO YOU BE-LIVE IN FLOWER POWER?

1999年4月

(April)

DO YOU BE-LIVE IN FLOWER POWER?

◆BOTANICAL LIFE◆

ベランダ　猫の手も、とはこのこと

［1999・4・19］

今月はもう大忙しであった。仕事がとかいうことではない。ベランダーとしての忙しさだ。

先月開花を告知したアマリリスが四つの大輪をつけた。例の真綿色したシクラメンはかなり花を小さくさせ始めたが、オブコニカの方は快調に咲き続けている。

向島の先輩ベランダーが『ボタニカル・ライフ』発刊のお祝いと称して八重桜の鉢をくれた。俺は自転車をぐんぐんこいで行って、直径十五センチほどの鉢をカゴに入れ、明るく礼を言ってまたぐんぐん帰ってくる。

「都会に三年慣らした桜だから、そうそうの排気ガスなんかじゃ枯れないよ」と先輩ベランダーが言う通り、桜はみるみる赤黒い蕾《つぼみ》を開き、枯れかけたアメン桃（こいつも素晴らしかった。赤、白、ピンクの花がびっしりつくように、あちこちに接《つ》ぎ木された美しきフランケンシュタインだ）の横で春を謳歌《おうか》し始めた。

その近くで濃い紫色をしているのはツバキの花である。これはなんだか心が浮き立って花屋で買ってきたばかりのやつ。それから、部屋に取り込んでおいたオンシジウムも三つの枝を出し、かつての盛りほどではないながら黄色の花を開き始めている。お前は一体いつまで俺に恩返しをするつもりなのだ。もういいから少し休んだらどうだ、と心にもないことさえ言いたくなるくらいの花ざかりだ。

さらに俺を喜ばせたのはアンスリウムに花がついたことであった。図鑑には水やりを控える時期とか、肥料をやる時期だとかが事細かに書いてあったが、俺はそんなものを守った覚えはない。数十の鉢を管理するのにあっちは水をやらず、こっちに少量、でもあちらは大洪水だなんて、そんな記憶力は人間の限界を超えている。そんなことをしたら最後、いつどいつにどれだけやったかを忘れ、一カ月後にすべての植物が死に絶えてしまうに違いない。

だから、まあ、俺は土の具合だけを見て水をやり、葉の調子が悪ければアンプルを差し、油粕《あぶらかす》をまき、たまに思い出したようにカルシウムみたいな粒をくれてやる。ただ、それだけのことでも花が咲くとは、まったくなんという驚きであろうか。

まだ赤い部分は小さい。黄色い穂のような苞《ほう》もミニトウモロコシみたいな具合である。それが毎日少しずつ大きくなる。初めはいつものように赤っぽい葉が出てきているのだと思っていた。開けば変わらず緑の葉になるに違いないから、ほとんど目にもとめていなかった。だが、ある日ふと見るとそいつが咲いているのだった。

ベランダー界に狂い咲きという言葉はない。これは俺の信条である。だから、「今どき咲くなんておかしいよ」などと顔をしかめるような奴《やつ》らすべてを、都会派生物の名において軽蔑《けいべつ》する。都会暮らしを余儀なくされた彼らは、自然のサイクルそのままで生きるわけにはいかないのだ。そんな時代遅れなことをしていれば、種が絶えてしまう。だから、どんな環境にでも慣れ、必ず生きようとする。そして、図鑑に書かれていない時期に花をつける。

そんな都会の植物だからこそ、俺は我がことのようにやつらを愛し、というか同居しているのである。そして、都会でも変わらず季節を守るような奇特な行動をすれば感動し、変節すれば変節したで誉《ほ》め讃《たた》える。

それはともかく、四月は俺たちベランダーに勇気を与えてくれる。これは植物が決して変節しない部分による恩恵である。それまでのいい加減な苦労が偶然実り、花がつき、芽が出まくるからだ。植物は常に俺たちの予想を越える。世話をしていなかったやつが突然花芽を飛び出させ、そろそろ捨てようと狙《ねら》っていた枯れ木からミドリ物質がにじみ出てくるのである。

だから、本当は植物に対して俺たちが出来ることなどほとんどない。水さえあれば、奴らは勝手に変節したり、頑固に伝統を守ったりしながら、気ままに行動するだけである。

さて、あきらめていた藤《ふじ》からも新芽が出ている。俺は藤を咲かせる秘策を先輩ベランダーから教わっていたので、あわてて受け皿を変え、そこを水びたしにしてショック療法を開始した。レモンバームとオレガノはさすがに伸び過ぎたので、収穫というものをしてみた。一方いっこうに収穫せずに置いてある葉ネギはすっかり普通のネギくらいの太さになりつつあり、五日ばかり前にとうとうネギ坊主《ぼうず》をつけやがった。

ああ、俺は何をどうまとめて書けばいいのだろう。それら植物どもの行動のいちいちを見て俺はぴょんぴょん飛び上がり、土をひっかいて酸素を増やしてやったり、太陽の位置を見て場所替えを行い続けているのだ。

そのすべてを書くことは不可能である。

ともかく、四月は忙しい。

ベランダーは寝る間も惜しんで、無鉄砲な計画を次々に実行し、明日こそあの鉢を移動させようとか、あいつに御礼肥《おれいごえ》をあげなくちゃいけないとかブツブツ言いながら寝つくのである。

猫の手も借りたいというのはこのことだろうが、残念なことに我々はそう出来ない。むしろあいつらは葉をむしゃむしゃ食い、機嫌を損ねると鉢を倒すからだ。

つまり、我々はケモノの手さえ借りられないのである。だから、ますます忙しく孤独なのだ。

四月の思考［1999・4・29］

なぜ我々は花を前にして

今日は四月二度目の大植え替え&種まき日であった。俺は働きづめで疲れきっていたが、ようやく得た一日の休みをベランダに費やすのはベランダーたる者の使命である。やらないわけにいかない。時はまさに春だからだ。

気にかかっていたトイレのレモンポトスを苦労して運び（なにしろ繁茂する葉だの茎だのがからみ合っているのだ）、新しい土を与えようとすると再生紙で出来た鉢の底が抜けた。腐っていたのである。俺はあわてて鉢を替え、たっぷりと培養土を盛ってやる。

前々から蒔《ま》きたくて仕方のなかったチャイブとラベンダーの処理をし、カイガラ虫にやられて弱ったコーヒーの脇枝《わきえだ》をすべてばっさりと切ることにして窓辺からベランダに移す。さらに、取材された時にもらったアジサイ二鉢をひとつにして霧を吹きかける。やはりインタビューされた時にいただいたイタリア野菜の種は三種類のすべてに芽が出ているから、泣く泣く間引きのようなことをしなければならない（余った種はそのうちボタニカル読者にプレゼントしようかと考えているところだ。なにしろ、どう見ても農民用のパッケージだから種が畑ひとつ分くらいある）。

俺の家で行われた花見大会の参加者が持ってきてくれた料理用のシャンツァイや（島田雅彦《まさひこ》氏と奥泉光氏、この作家界屈指の料理上手に感謝するべきだろう。おかげで俺のベランダに愉快な仲間が増えたのだ）、スーパーで入手したルッコラも土に差してやったらすっかり根がついている。読者から送られたヒマワリの種もぐんぐん育ち、部屋の隅に置いてあったイシダテホタルブクロにも花がついているから、俺はあわてて養生を急ぐ。

さて、ふと見ればアルストロメリアも咲き始めており、俺はたまった疲労と急激な運動による目まいを無視して息を切らせながらそいつを部屋に取り込むことにしたのであった。同じく咲いているアジサイは外なのに、なぜ俺はアルストロメリアを窓辺に移動させたのだろうか。ほとんど見上げる人もいないと確信しているにもかかわらず、抽象的な他人の目を俺は感じていた。それで、その他人の目になるべく近いところを選んで、アルストロメリアを置いたのである。

道ばたで鉢を育てるベランダーたちも（路上派と俺は呼んでいる。彼らは園芸界のジャック・ケルアックだ）、よくそういうことをする。家で育てて咲いたところを道に出し、またはより咲いているやつを前に移動させるのだ。かつてはその行動を俺はささやかな自慢だと解釈していた。なにしろこっちだって、初めから咲いていたアジサイは窓辺に置こうとはしないのである。育てていたアルストロメリアを無意識に優先させてしまう。

だが、すべての作業が終わってベランダに向かい、ぐったりと腰を下ろした俺はさっき感じた「抽象的な他人の目」のことを考え始めた。そして、ベランダー同志たちが、またこの俺自身が育てた花を人目に触れさせようとする理由が単純に自慢だけには収斂《しゅうれん》しないことに思いあたったのである。

俺はそのアルストロメリアの花が長くは続かないことをよく知っていた。いや、そもそも今咲いたこと自体がひとつの奇跡であった。どんな世話をしようと、あるいは俺のように放っておこうと花は咲くときに咲き、咲かないことを選びもするのだ。だから、花は突如として生の饗宴《きょうえん》を開始し、短い時のうちに散っていってしまう。

俺たちベランダーはその気まぐれ、その奇跡に率直な感動を覚えながら、すぐに奇跡に終焉《しゅうえん》が訪れることを感じる。花を前にして何も関与出来ない自分を認識し、たった一輪の花に対して「かなわない」と思い、俺一人の視線では存在の重みが釣り合わないと考えるのではないか。

短く終わる花、その不思議な生命の開きを称《たた》えるには二つの目ではとうてい足りない。そう感じるからこそ、我々は花を他者に差し出す。どうか見てやって下さい、私の卑小な目ではこの奇跡を受け止めきれないのですと心のどこかで考える。

花見だって同じことなのかもしれない。桜が咲くから繰り出すのではなく、我々はそれが散ってしまうからこそ急いで外へ飛び出すのだ。見頃はいつかと気をもみ、ああ雨が降った、風が吹いたと嘆き、より多くの目で桜の花の盛りをあがなおうとするのである。

俺のベランダに話を戻せば、アジサイはもらった時にすでに咲いていた。だから奇跡の感覚は半分以下になっているのである。咲いているからこそ売っていた。だが、もしもそれを蕾《つぼみ》の状態で入手しており、やがて咲いたのであれば、やはり俺はなるべく人目に触れるようにと置き場所を作ったに違いない。

春はそこら中のベランダーの上に訪れ、道ばたにベランダに屋上に様々な奇跡を巻き起こしている。そして、その奇跡を前にして全国のベランダーたちは等しく自らの視線の軽さを物悲しく思い、咲き誇る花を他者の前に差し出す。

たぶん、本当に見てくれる他人の目ではまだ足りないのだと思う。一輪の花に見合うだけの多くの目、より重みのある目を求めて、ベランダーは焦燥に駆られ続けるのだ。その時、我々の意識の中に「抽象的な目」が設定される。自分以上に強い目を花に捧《ささ》げようとする。

きっと太古の昔、花こそが神を要請したのだと俺はベランダの前にへたり込みながら思いついたのだった。人類史上、おそらく神以前に花があった。その花の開きが我々人間の思考の中に「抽象的な目」を呼び入れたのである。バリで人々が神に花を捧げる時、あるいは日本の寺や家々で仏花を立てる時、神や仏が先にあるのではない。花こそが先にあり、その奇跡を余すところなく受け取ってくれる存在が後から必要になったのである。

原始宗教の基にあるのはそうした生命の開きに感応する精神であり、自己の視線の軽さへの焦《あせ》りなのだ。だとすれば、花が咲く度に誰か自分以外の目に見てもらおうと苦心する俺たちベランダーは、古代と現代を行き来する能力を持つ人間だということになる。

俺はそう得心し、立ち上がってアルストロメリアの方へと歩いた。人類の身勝手な思いとはまったく関係なく花は咲いていた。やつにとってはどんな宗教的な思考も生きるのにまるで必要がない。それでも窓辺に移されたことで花が満足しているようにも見えるのは、俺の中の野蛮人が騒いでいるからであった。ベランダーが春に突き動かされ、脳の中に潜む知恵の蕾を開花させられているからであった。

◆BOTANICAL LIFE◆

DO YOU BE-LIVE IN FLOWER POWER?

1999年5月

(May)

DO YOU BE-LIVE IN FLOWER POWER?

◆BOTANICAL LIFE◆

五月の魚

［1999・5・24］

メダカ増殖

ベランダも室内も世話すべき植物でいっぱいだったが、メダカもまた大変なことになっていた。

四月終わりか五月の頭、ふと水槽の中を見ると藻に怪しげな玉が付いていたのである。直径一ミリにも満たないような透明の玉。しばらくはそれがなんであるかわからず茫然《ぼうぜん》としていたものだ。

藻が吹き出す酸素の玉にしては透明度が低い。かといってエサの残りが腐った物だったり、メダカのフンだったりしないことは確実である。

まさか……と思った瞬間、玉がひとつふたつではすまない数で藻のあちらこちらにくっついているのが見えた。いや、藻どころか、メダカの尻《しり》にも付いている。

卵であった。気づいてみれば玉の中には確かにふたつの黒い目らしきものがあり、表面にはイクラを思わせる張りが存在している。

あわてて徒歩一分のデパートまで行き、屋上で藻を買うと、かつて使っていた巾着《きんちゃく》型の水槽を出してきて、そこに水を張った。その水槽は貴重な植物のスペースを浪費するからこそ、片づけられていたのである。だが、卵をそのままにしておけば親メダカが食ってしまうことは明白で、いわば俺は命か空間かという究極の選択をしたのである。

スポイトで卵を吸い、新しい水槽の藻に吹き付ける。まだ卵はないかと親メダカの水槽のガラスに目をつけんばかりにする。最初は四、五個だろうと思って狂喜していた俺は、すぐに容易ならざる事態を前にしてがっくりと肩を落とした。卵はすでに二十個ばかり産み付けられていたのである。しかも、メダカが尻に付けて泳いでいる以上、さらに増えていくことに疑いはなかった。

息を詰めながら卵を見つけ出し、それを吸って移動させる。また卵を必死で見つける。たとえすべてをもれなく移動させ終えても、明け方になると親メダカの様子がおかしくなり、オスメスが寄り添うようにして交尾などする。メスの尻には新たな卵が付いている。

この作業に終わりはないのではないかと思った。俺という一個の人間は要するに永久にメダカの卵を発見し続け、移動させ続けるためにのみ生き続けるのではないかという恐怖があった。そのうち、巾着型の水槽に放した藻にびっしりと卵が付いた。すべてが孵《かえ》ったら、そいつらのために新しい水槽を買わざるを得ない。なにしろ数十個はある。

卵はしばらく様子を変えなかった。急いで入手した『生き物の飼い方』、メダカの項目には「すぐに始まる分裂を観察しよう」との呼びかけがあるのだが、若干老眼も入ってきた俺の目には（俺はメダカの卵によって、はっきりとその兆候を知った。新しく小さな生命によって自分の老いに気づかされたのである！）なんの変化もわからない。だが、じっと見ていると、黒い目が動くことがあった。「あ、生きてる」と思うと、のちに待っている水槽地獄への懸念《けねん》が吹き飛んでしまう。

ともかく孵すのだ、なんとしても卵を孵化《ふか》させよう、もしも家がメダカだらけになるようなら隅田川に放したっていいじゃないか。俺は自分に「メダカは絶滅に瀕《ひん》している種なんだぞ」などと言い聞かせもした。だが、絶滅を危ぶまれているのは在来種なのであって、俺が飼っているヒメダカではないのである。彼らはむしろ在来種の存在を圧迫している側なのだ。すなわち俺は明日の自分を自らごまかして、毎日メダカの卵に集中しているのであった。

そして、メダカは誕生した。一匹誕生するとどんどん誕生する。細い細い糸くずみたいなやつらが黒い目だけを目立たせて水に浮かぶ。死んでいるんじゃないかと息を吹きかけると、唐突にピクリと動き、あらぬ場所に瞬間移動して泳ぎ出す。まことに可愛《かわい》いものである。可愛さに負けて俺はまた卵移動に専念した。

ところが、三週間ほどすると水の調子が悪くなった。「エサを小さく砕いてあげましょう」と『生き物の飼い方・メダカの項』にあるので、疑いもなくそうしていたのだが、なにせ相手の体は微少でエサなど食いきれない。やがてその残りから白いカビなど出てきて、小メダカたちは水槽の底に沈みがちになった。

だからといって、水を換えようとすれば必然的に藻も洗わなければならない。藻は黒ずみ始めており、水だけ換えても無駄なのである。したがって、俺はなんの策を弄《ろう》することも出来ず、ただひたすらふーふー息を吹きかけて水の運動を起こし、上からジョウロで水を足したりして酸素補給をした。

ある日を境にメダカは次々に白くなり、シラス干しの小さいやつみたいな姿で横たわり始めた。スポイトでどんどん死骸《しがい》を外に出すのが、今度の日課となった。幸い親メダカはそのへんで卵の放出をやめていたから、涙をのんで藻を洗い、水を換えた。幾つかの卵はつまり最大の利益のために犠牲となったのである。

こういう成り行きを親メダカは見ているのではないかと思った。なぜなら新しい水に換え、エサはやらなくても藻を食べるからいいというペット屋のおばさんの助言を受け入れた状態になると、またもせっせと卵を生み始めたからである。

鉢植えにはだいぶ慣れた。慣れたおかげで今年はたくさんの鉢から花が現れた。しかしメダカの卵を孵すなどという難事は初めてのことである。

経験ということについて、俺は世間によくある教訓を一切信じないで生きてきた。経験が第一だとはこれっぽっちも思っていなかったのである。だが、植物の水やりだのメダカの赤ん坊の世話だののことを思うと、知識に出来ない「具合」というものがある事実を認めざるを得なくなる。

メダカの「具合」がわからないからこそ俺は多くの小メダカを殺してしまい、鉢植えの「具合」がわかってきたからこそその花を生きながらえさせることが出来るのだ。

経験は言葉に出来ないと人は言う。なるほど本当にそうだと思う。メダカの死を何度も見るうちになんとなくわかってくる「具合」があるからだ。世間がもっと正確に言ってくれていたら、若い頃に俺も納得しただろうと思う。実際は「言葉に出来ない、いわゆる暗黙知があり、それにのっとらずには成功しない事柄が世界には多数存在する」のである。しかも、「その暗黙知の存在を認識させてくれるのは、ごくささいな人生の体験」なのだ。

こうして、俺は今日もメダカを観察し、幾つかの鉢を大きめの鉢に変えて根をゆるめ、葉水をやり、その他のあらゆる「具合」を調整しながら最後にベランダに立って、小雨の空を眺める。

俺の「具合」を確かめるために。

◆BOTANICAL LIFE◆

DO YOU BE-LIVE IN FLOWER POWER?

1999年6月

(June)

DO YOU BE-LIVE IN FLOWER POWER?

◆BOTANICAL LIFE◆

クローンコエ

[1999・6・20]

新しもの好き

カクテルが今年二回目の花を早くもつけ、イタリア豆の実は収穫間近ながら葉を弱らせており、メダカは相変わらず生まれては死んでいく。そういうささいなことに集中力を分配していると、逆に目が遠くを見るようになってくる。

ベランダに出ても、腰をおろしてひとつの植物を丹念に見るということがない。全体をいっぺんに把握して、「いかん、春菜とルッコラに虫がついた」とか「放っておいたウコンがまた球根から葉を伸ばし始めた様子だ」といった状況判断を同時にこなしてしまうからだ。意識などおぼろげなまま、各事態に対処しているうちにベランダは元の平静さを取り戻しており、俺は依然遠目のまま窓を閉める。

だが、そんな慣れがベランダーの楽しみだろうか。つまり、俺はそういう根本的な迷いに陥っていたのである。

数年前まではしょっちゅう枯らした。枯らすがゆえに次の生命体を導入し、そいつに全神経を傾けた。傾けすぎるからまた根腐れなどを招来し、がっくりと肩を落とすはめになった。パニックの連続である。

ところが、今年になって突然、めったなことで枯らさなくなった。数カ月前、オレガノが原因不明で急死して以来、俺はなんの被害も出していないのである。

普通に考えれば、非常にいいことである。だが、こうなると、やってる方はどうも退屈になってくる。枯れることに慣れてしまった体ゆえに、枯れないことが時間の停止にさえ思われてくる。知らぬうちに、先に書いた春菜とルッコラを根元から刈っている自分がいる。丁寧に薬かなんかをかけて復活させればいいものを、わざと大手術などして自ら緊急事態を作っているのである。

こういうことを文化の退廃という。植物は日々微細な変化を遂げているのである。にもかかわらず、強盗だとか殺人だとかがないと一日に変化がないような気になってくる。しまいにはハルマゲドンでもないかと空を見上げる始末だ。

これはまずいと思いながらも、俺は退廃から逃れられずにいた。劇的な変化を無意識に希求しつつ、その退廃に耐え、必死の思いで小さな植え替えを行い、場所替えを続けた。花を咲かせたヒマワリにも感動出来ず、珍しく調子のいいアイビーを壁につたわせる作業もどこか機械的だった。

そこに近所から朗報が届いたのである。

クローンコエという謎《なぞ》の植物があるから取りに来いというのであった。しかも、先輩ベランダーは「そろそろ書くことがないんじゃないのかい？　こいつは面白いよ」とこちらを見透かすようなことを電話口で言う。確かに俺は目の覚めるような植物に飢えていた。

さっそくタクシーで出かけてみると、そいつはベンケイソウ科の植物なのであった。多肉植物特有の、まあ言ってみればアロエを薄くしたような葉を持っている。土にさったポップには「ふえふえカランコエ」などと書いてあり、ますます不気味である。

「ここ、ここ。ほら、見てごらんよ」

先輩に言われて見てみると、葉がのこぎりみたいになっている。のこぎりの歯の部分は葉っぱがほんのかすか下側によじれていて、そのよじれが点々と葉の両側に続いているのである。

さらによく見ると、そのよじれの一部に間借りした植物みたいなものが付いているのがわかった。二、三枚の丸い葉はまさに多肉植物の子供である。その子供のうちの幾つかはすでに白い根をはやしていた。

「これがポロポロ落ちてさ、すぐに根が付いちゃうんだよ」

先輩はそう言い、「なにしろ、クローンコエだから」と続けてから笑った。

つまり、おそろしいことに葉の両側にびっしりと次々にクローンが出来、そいつがひっきりなしに落ちて増えるのである。なんだかわからないが、奇妙といえばあまりに奇妙な植物だ。

「これは……悲惨な永久運動だ」

俺は目を見張って言った。これまでも俺は鉢を置く場所の確保に汲々《きゅうきゅう》としていたのであった。そこにあえて先輩は「ふえふえカランコエ」を投入してきたのである。すでに鉢の表面のあちこちには増殖したクローンたちがいた。クローンとはいえ、親木よりも丸い葉を元気よく突き出して、あたかも雀《すずめ》の子がエサをねだるような調子でこちらを見ている。

挑戦であった。クローンコエは増えに増える。そいつを止めることは出来ない。つまり毎日が不動産問題との格闘なのである。

その、日々続く素早い変化は、すなわちベランダ全体に起きることと同じであった。単にクローンコエは変化それ自体をわかりやすく象徴しているに過ぎないのである。

クローンコエに起こることは日々ベランダで起きている。そいつを俺はもう一度新鮮に感じ取らなければならない、と思った。アンスリウムも次々に花を咲かせている。

ふた鉢に分けたモミジも毎日背丈を伸ばしている。死ぬ卵を生み続けるメダカたちは今日もエサに食らいつく。死にかけたシャクナゲが古い葉を一枚ずつ落とし、透き通った緑の葉を生やす。

この成長、この増殖に対抗するにはアイデアしかない。俺はおそらくアイデアに行き詰まっており、置く鉢の数を限定して退屈していたのだ。

文化の退廃とは確かにアイデアの行き詰まりのことでもあった。アイデアの枯渇《こかつ》を棚にあげて状況に満足した時、変化は見えなくなる。

俺はこれからピンで壁に吊《つ》れる小さな鉢を探しに行こうと思う。まだまだ俺の不動産には植物を置くスペースがある。壁を使えば水やりの少なくてすむ植物はガンガン置けるのだ。

クローンコエが増える速度以上に俺は頭脳を駆使し、アイデアを生み出し続けてみせる。それがボタニカル・ライフのもうひとつの魅力であったことを俺は再認識したのである。

◆BOTANICAL LIFE◆

DO YOU BE-LIVE IN FLOWER POWER?

DO YOU BE-LIVE IN FLOWER POWER?

1999年7月

(July)

◆BOTANICAL LIFE◆

にじむ色

［1999・7・20］　**アルストロメリア**

「インカのユリ」、アルストロメリアはボタニカル・ライフのあちこちに顔を出しながら、そのデビュー以来くわしく語られたことがない。

たぶんまず丈夫だからである。つまり心配をあまりかけない植物なのだ。おかげで放っておかれやすい。そして、理由のもうひとつは、しょっちゅう咲くこと。旬《しゅん》の見極めが出来ないために、今書かなければと焦《あせ》らせないのである。

逆に言えば、これほど育てやすく、これほど楽しみの多い植物はないわけだ。

鉢に植えたままどこかに置いておく。調子の悪い時は細い葉が次々にしおれて枯れる。だが、枯れても根がやられるまでには至らない。

気づいた時に適当に日にあてる。すると、やつは枯れた葉などどこへやら、スクスクと丈を伸ばす。そして、いつの間にか先にふたつ三つ蕾《つぼみ》をつける。蕾は最初葉が丸まっているような具合で現れるから、見落としやすい。したがってこちらは他の植物に目をかけてしまう。そのうち、控えめな蕾はわずかにふくらんで花の色をにじませる。

　俺の家のアルストロメリアは基本がピンクなのだが、花には白も黄色も混じっている。だから蕾にもそれらの色がにじんでいる。若い蕾のうちはそこに当初の葉の緑が残り、なんと言えばいいか、そのにじみの入り交じり具合は作りかけの飴《あめ》細工のようである。

　しっとりと表面が光っていて、しかもこの上なく新鮮。色というものがこの世に現れた瞬間は、ひょっとしてこんな風だったのではないか。まったく何もない無の空間に、色はこんな具合ににじみ出てきたのではないかとさえ俺は思うほどだ。

　考えてみれば、ある種の蕾はすべて同じように最初は緑を薄くしていき、次第にその花特有の色に染まっていく。蕾の表面、つまり開いた花の裏側にやつらは自らのアイデンティティをにじませ始め、俺たちに開花の時の美しさを予想させる。

　植物はほとんど葉や茎の緑、そして根の茶色以外に色素を持たないように見える。それがある時を境に突然赤く、黄色く、青く、あるいは紫に白に、時には黒く花を開かせる。そのこと自体が俺にはとてつもない神秘である。神秘というのはつまり、科学的にどうなっているのかいっこうに理解出来ず、理解出来ぬまま胸を打たれるという意味だ。

アルストロメリアはその神秘的な段階をわかりやすく提示してくれる。緑の蕾に包まれてパカッと開く花だと、我々はその中身がもともとは緑色だったことを忘れやすい。だが、アルストロメリアはにじむ。にじんで色素の現れを教えてくれる。同時に緑という色が後退してゆく様子も。

今年の春から調子が悪くなったアルストロメリアを俺はいったん家の中に取り込み、風のあたる窓辺で静養させたのであった。その時に気づいたのだが、やつらは土から次々に茎をはやかすのである。今までなんで不思議に思わなかったのかがむしろ不思議なのだが、アルストロメリアは確かに増えていたのだ。

また、やつはひどく調子を崩すと茎自体が黄色くなり、やがて茶色になってしなびてしまう。しかも、手をかけると意外なほどすぽんと抜ける。その先に根は付いていない。まるでゴボウか何かのように、抜けたきりなのである。

抜いた茎の横あたりには新しい青々とした新人が出現している。そう言えば、かなりの本数を俺はこれまで抜き去ったはずなのである。それでもしっかりと欠員を補い、あまつさえ先に蕾をつけて色をにじませたりする。

蟻《あり》の観察セットか何かの大きいやつがないだろうかと俺はこの一カ月ほど頭をひね

っているのである。掘り返して観察して全体が弱ってしまっては困る。だからこそ、横からその根のない茎がどのようにして増えるのかを確かめたいのだ。

なにしろユリと呼ばれるくらいだから、球根ではないかと思われる。だが、球根が太って割れ、新人の育成スペースとなるシステムだからといって、例の「すぽんと抜ける」仕組みが説明出来るわけではない。むろん球根から抜ける時に跡を残さないという仮説は成り立つのだが、抜けた穴は球根としてどう処理しているのかがまた知りたくなる。

こういう面白い現象を、しかもほとんど手間いらずで見せてくれる植物はそうそうない。咲けば咲いたでその小さな花は美しく複雑で、切り花としてもこの頃あちこちで見かけるほどなのである。

今までいい加減に扱っていたくせに、俺はこの期《ご》に及んでアルストロメリアを推したい気分に満ちている。鉢植えがあったら絶対に買うべきだとさえ俺は言いたい。

一応念のために言っておくが、茎は驚くほど簡単に折れる。生命力にあふれているわりに、さっぱりと折れてしまうのがアルストロメリアのいいところなのである。打たれ弱いというわけではなく、言ってみればさっぱりしているのだ。

「別に咲くなと言われるなら咲きませんよ、またいくらも機会はあるわけだし」といった感じで、やつらは次なる茎にバトンタッチをするのである。自分は折れたまんまで球根（たぶん）に命を吹き込み続けながら。

書けば書くほどいいやつじゃないか。俺はその手のしつこくない人間が好きなんだ。まいったね、まったく。惚《ほ》れましたよ、俺は。アルストロメリアに。

そういうわけだから、だまされたと思ってその野性的で繊細であきらめのいい植物を是非一度育ててみていただきたい。

あ、もうひとつ言っておくと、基本的に外が好きなやつだから家の中に閉じこめておくと失敗すると思う。なにしろインカのユリですからね。西日くらいはへっちゃらだ。

◆BOTANICAL LIFE◆

DO YOU BE-LIVE IN FLOWER POWER?

1999年8月

(August)

DO YOU BE-LIVE IN FLOWER POWER?

◆BOTANICAL LIFE◆

大忙し　メダカと幼虫

［1999・8・30］

この夏は忙しかった。

メダカが大変なことになっていたのである。

以前書いた通り、俺は生き残りの大メダカ一匹と、新しく御近所から連行された小メダカたちをひとつの水槽にまとめた。信じてはいないが風水上、南側に水を置くべきではないらしく、出来れば水ものをなるべく少なくしたかったからである。

そして、おかげでどんどん卵を生むメダカの世話をしなければならなくなったわけである。なにしろ、『生き物の飼い方』によれば、「離しておいたオスとメスを一緒にすれば、春から夏にかけてどんどん卵を生むよ！」ということだからだ。

こうして数カ月の間、俺はメダカの奴隷《どれい》であった。水槽本体、卵を入れる容器、そして生まれたばかりのチビを移す金魚鉢、さらにスポイトで吸い取ったゴミを入れるコップ（藻のようなものの中に卵がひそんでいる可能性があるからだ）と、計四つの水ものが南側に並んだことになる。

　やがて、十数匹を生かしておくことに成功した俺は近所の豆屋さんにそいつらを譲った。次々に譲らないと親メダカはいつまでも繁殖しやがるからである。むろん後続の卵は日々容器に移される。

　だが、ほんの四日家を空けて帰ってみると、チビ用金魚鉢の中にはだいぶ育った一匹（といっても八ミリ程度だが）以外、小メダカの姿が見あたらないのである。死骸《しがい》が底に沈んでいるわけでもない。これはいったいどうしたことだろうか。俺は数日の間、暇さえあれば金魚鉢の近くに行き、中をのぞき込んではうんうん言って考えたのであった。

　そしてある日、俺は水草にへばりついた謎《なぞ》の川エビみたいな生物を発見したのである。やつは透明で細長い体をしており、尻《しり》には竹とんぼの羽根をたたんだような三本の尾をつけている。気味が悪いのでスポイトでつついてみると、ぞろぞろっと動き出す。かと思えば異様な早さで泳いでみたりする。

　果たしてこいつは誰なのか。何か胸の奥に奇妙な感じがあり、それをも突き止めたいがために俺はいっそう長い時間を金魚鉢のそばで過ごしたものである。くそ暑い昼間にも金魚鉢の横に立ち、熱帯夜の大気にも負けずに汗をだらだら垂らしながらのぞき込み、と俺はその謎の川エビ状を観察し続けた。ほとんど番人である。

そしてとうとう、ある昼下がり、俺の中のモヤモヤが解けたのであった。というか、解けるほどの形に川エビが育ったのだ。

「ヤゴだ！　ヤゴだ！」

俺はかなりでかい声で二度叫んだ。聞こえるはずもないのだが、その生物はすでにトンボを思わせるまでに大きくなった目玉をギョロリと動かした。

なんということであろうか。実は新しい水草を俺は渋谷くんだりのデパートから補給していたのである。おそらく、その水草にトンボが卵を産みつけており、それらが見事に孵《かえ》ってヤゴとなったばかりか、俺の留守中にかわいい小メダカたちを食ってしまっていたわけだ。

あわてて俺はヤゴをまた別のコップに移した。これ以上犠牲を増やしてはならぬという思いと、小学生の昔のようにヤゴを育て上げてトンボにしたいという熱狂が交錯していたのである。まあ、風水上はさらにゆゆしき事態になったのだが、俺の運命のひとつやふたつ、偶然運ばれてきたヤゴのためなら惜しくはなかった。

義を見てせざるは勇なきなり。何年も思い出していない言葉が口をついたが、何が義で何が勇なのかはよくわからない。ともかく、俺はヤゴ専用コップの前にいて、かって江戸川を渡って水元公園に通い、友達の岩瀬君と一緒に網でひたすらにヤゴを取った思い出にひたったのであった。

さて、もう御存知の通り、俺の記憶力には重大な欠陥がある。というか、記憶力それ自体がほぼ無いに等しい。したがって、家が酒屋であった岩瀬君がヤゴを大きな酒《さか》樽《だる》に入れていたこと以外、俺には思い出せないのであった。つまり、ここへきてヤゴに何を与えればいいかがまったくわからないのである。

そこで、いまや俺のバイブルになった『生き物の飼い方』を開いた。しばらくの間、このひと夏の間ずっと疑問だった〝蜘蛛《くも》の巣の張り方〟を学び、暑くて仕方ないので「あんずボー」を食って体を冷やすと、あわててトンボの項へ進む。そこにはミミズとかオタマジャクシとか書いてあった。ひょっとすると、浅草に迷い込んだヤゴのために、俺はどこか池に出かけ、エサを取らなければならないのだろうか。これは生活上、かなりの負担になると思われた。

その時である。俺の頭に抜群のアイデアが浮かんできたのだった。小メダカであった。なにしろやつらは俺の必死の作業によって次々に生まれるのである。しかもヤゴときたら、そいつらを食してそこまで育ったのであった。となれば、ここは小メダカ以外にない。

思いついた瞬間はあまりの名案ゆえに、目の前が白くなったほどである。だが、すぐに理性が働いた。いったい俺は何を飼いたいのか。そして、そのために何を犠牲にするべきなのか、と。あれほどまでにメダカ飼育に打ち込んできたにもかかわらず、ヤゴが現れた途端、俺はそれら小さな魚たちをエサにしようと目論《もくろ》んでいたのである。激しい混乱が俺を襲ったものだ。

翌日折衷案として、小メダカの死骸《しがい》を与えてみた。ヤゴは振り向きもしなかった。もしかしてと思って煮干しを裂いて水の中に落としてもみた。こちらは臭いせいかかなりの興味をひいたようで、ヤゴは近くまで移動してじっと煮干しを見つめる。だが、どうも食わない。

あと一歩である。俺はあとほんの一歩でヤゴのコップに生まれたばかりのかわいらしい小メダカを注入してしまうであろう。なにしろ餓死したヤゴはかなり気味が悪いと想像されるのである。そんなものを見るくらいなら、愛嬌《あいきよう》を振りまいて泳ぎ回る小さな生命を数匹犠牲にすることは許されるのではないか。

義とはおそろしいものである。立場によってそれは正反対の結論を生み、要するに小メダカをきゃつらの鋭い足につかませ、また腹わたをむさぼらせるのだ。

いや、義とかいう問題ではなかった。どうもこれは俺の人間性と興味との戦いなのである。さあ、いつ俺はその行為に手を染めるのであろうか。

まずは明日、自分を犯罪から救うために糸ミミズを買いに出かけてみたい。それも食わないとなれば、ヤゴのことは以後書かずにいることになるだろう。諸君もその時は俺の家の南側の窓際《まどぎわ》で何が起きたのかをそっと理解しつつ、涙を流していただきたい。

実は親メダカの水槽の方にはタニシが二匹発生している。

渋谷のデパートで水草を買うのはある意味危険かもしれない。

BOTANICAL LIFE

DO YOU BE-LIVE IN FLOWER POWER?

1999年9月

(September)

DO YOU BE-LIVE IN FLOWER POWER?

BOTANICAL LIFE

酔芙蓉《すいふよう》

［1999・9・4］

紀州と東京

お盆に買った酔芙蓉の花芽を枯らし、しかし復活させたのである。

酔芙蓉は朝、昼、晩と花の色を変える植物である。最初は白く、次第に赤く染まっていく。いくと言っても見たわけではない。説明にそう書いてあるだけだ。何年か前にも買ってきてせっせと世話をしたのだが、美しい色の変化を見せる前に茶色く変化し、枯れてしまったのだった。以来、いつかまた酔芙蓉を買うのだと心に決めていたのである。

俺は芙蓉の花が好きだ。ムクゲやタチアオイと同じく湿った紙のような感触がある。茎は細く、一見弱々しく見えながらぐんぐんと丈を伸ばすところも俺の無意識を刺激するらしい。花びら自体の感じでいうと虞美人草《ぐびじんそう》も同系列に入るのだが、芙蓉は葉の鮮やかな緑と茎のみずみずしさで勝る。

故中上健次はその小説の中で夏芙蓉という架空の植物を象徴的に使う。「路地」と呼ばれる多層空間を描く時、そこにほぼ必ず夏芙蓉を出現させ、濃厚な香りを放つ花を咲かせるのである。

ここ六年くらい、毎年夏になると俺は中上さんの故郷である紀州新宮に行く。中上文学に関するシンポジウムに出るためなのだが、最初の年の基調講演以外はほとんど知的な活動をしていない。お墓参りをすませるやいなや、毎日勝浦あたりの海に行き、漁師に隠れて素潜りをしてはカサゴやウマヅラを突いているばかりだ。

温泉に入って夜、駅前まで歩き、他の参加メンバーの文学談義をひたすらに聞いて、ごくごくたまに冗談を言い、腹いっぱい飯を食って眠る。その繰り返し。今では新宮が自分の田舎のような気がしており、夏が近づくと「ああ、帰れる」と俺は自然に思う。おそらく、兄貴分たちの後ろについて勝手気ままに遊んでいる気分なのである。世話をしてくれる熊野《くまの》大学の皆さんに遠い親戚《しんせき》のような親近感を持ち、中上に大叔父めいたものを感じているのだ。その場所でひたすらに優しく許されて、まるで一番年下の子供のように遊んでいる。それが紀州での俺なのである。

新宮駅から定宿に戻る途中、駐輪場のようなアスファルトの空き地のそばに小さな木造家屋がある。その家と狭い道路のきわに一本の芙蓉がある。俺は最初に新宮を訪れた時から、毎年その芙蓉を見ることにしている。無理にコースを変えてというやり方ではない。どうせ必ず間違いなく通るから、その時に花が咲いているかを確かめるのだ。

今年は咲いていなかった。去年は咲いていた。その前の年がどうだったかは思い出せない。俺より少し背の高い、しかし茎はいつまでも細くひょろひょろしている芙蓉は白い花をつける。闇《やみ》の中だと蛍光物質が入っているのか、ぼうっとかすかに光る。光っていると思わず、今年も芙蓉が咲いてると俺は声を上げる。酒の入ったメンバーは、ほんとだ、去年も咲いてたなと合わせてくれる。咲いていなければ咲いていないで、やっぱり俺はそのことを口に出さずにはおれない。そしてメンバーも俺の嘆きに同調してくれるのである。

中上の故郷だから芙蓉にこだわるというような文学青年的な動機ではないつもりなのだ。ただ、最初の年に咲いていた芙蓉がその次の年にも咲いており、そのうち咲かなくなったと思ったらさらに翌年咲いていた。そんな年月の溜《た》まり方に俺は故郷というものを感じてしまっているのに違いない。それがいつ抜かれてもおかしくないような貧相な芙蓉だからこそ、そのあやうさの中で再び出会えることを喜び、やはり一番年下の子供のように皆の興味のないことにこだわり続けている。

そして、俺の酔芙蓉の話である。夏、親が住んでいる千葉に出かけた時、突然母親が植物園に行こうと言い出したのであった。二つほど先の駅にある植物園に彼女は再三顔を出しているらしく、いまやすっかり植物好きになった俺をつれて行こうと思ったらしい。

そこに酔芙蓉があった。いちもにもなく、俺はそいつを手に入れた。家の狭い庭からほじくり出した月桂樹《げっけいじゅ》やら松葉ボタンやらと一緒に俺は芙蓉を浅草まで持ち帰り、ベランダの一等席に置いてやった。

伸びた茎の先にすでに幾つかの花芽をつけていた。芙蓉やタチアオイ独特の、つまり俺がなぜか偏愛する大きめの葉も元気で、伊豆《いず》あたりに遊びに行くことになったときもなんの心配もしていなかった。三日くらい家をあけても大丈夫だと思っていたのである。それで他の鉢には様々な対策を立てておきながら、芙蓉だけは放っておいたのだった。

帰ってみると悲惨なことになっていた。花芽はすっかりミルクコーヒー色になっており、元気な葉もほとんどが枯れてしなびていたのだ。被害はその酔芙蓉ひと鉢で、なぜそんなうっかりをしたのかがまったく把握出来なかった。確かに鉢は小さめだったのである。小さい以上、水を貯《た》めておくことが出来ない。なぜ俺は楽しみにしていた花芽をわざわざ放置したのか。

むろん急いで水をやり、枯れた葉を切って緊急治療態勢に入った。ありがたいことに芙蓉はすぐさま元の元気を取り戻し、再び葉をたくさんつけて伸び始めた。先端の花芽を抜かせば、完全復活であった。

花は来年ということになるだろう。ということは、咲かない確率が80パーセントだと俺は踏んでいた。

ところが、九月末。事態は好転した。脇《わき》から伸びた茎の先がふくらみ、みるみるうちに玉になっていくのだ。俺は我が目を疑った。疑っても疑っても、それは蕾《つぼみ》なのである。玉は九つの細い爪《つめ》のようなガクに包まれていた。爪は次第に開いていく。つまり内部に隠し持った玉が爪を押しのけてふくらんでいることの証明である。中の玉がのぞけるほどになると、それを絶対に落とすまいとしっかり握る爪のあり様がまるで玉を持った龍の指先のように見えてきた。そうか、これが中国画や日本画における龍の発想の原点かと俺は思った。

玉はまた宝珠を思わせた。仏教美術と植物はやはり確実に密接な関係を持っているのだと俺は勝手に確信した。そういう確信でもって喜びを倍増させるのが俺のやり方である。そうでもしないと意味不明なことを叫んでしまいそうなので、必死に学問的な連想にふけって我慢するのである。

今、はっきりと花に向かっている蕾はふたつある。だが、よく観察すれば直径数ミリの蕾はあちらこちらから顔をのぞかせている。次から次へと咲く生命力という点がまた、俺が芙蓉やタチアオイやムクゲを愛するゆえんでもあり、もう毎日がワクワクだ。ひとつでも咲き始めれば、次の花はほぼ必ず咲く。それは鉢植え界の鉄則なのである。

今年は残暑が厳しかった。いつまでも暑さが続いた。だからこそ、酔芙蓉が復活出来たのかもしれない。とすれば、ようやく秋めいてきた現在が少しだけ恐ろしい。ここまで来て咲かないとなると俺のショックはすさまじいことになる。

ああ、今年は咲いてなかったなどと人の家の芙蓉を見るのは気楽で、だからこそ自己中心的なノスタルジーにもひたれる。だが、自分のものとなると話は別だ。徹底的にリアリスティックに注意をし、喜びに胸おどらせながらも同時に眉根《まゆね》を寄せ続けなければならない。

俺は今、芙蓉のために厳戒態勢を敷いている。

◆BOTANICAL LIFE◆

DO YOU BE-LIVE IN FLOWER POWER?

1999年10月

(October)

DO YOU BE-LIVE IN FLOWER POWER?

◆BOTANICAL LIFE◆

花束　花瓶としての鉢

［1999・10・24］

つい先日、講談社エッセイ賞というものの授賞式に出席したのである。もらったのは俺だ。しかも、受賞の対象はこの『ボタニカル・ライフ』の単行本版である。いやはや目出度いことだ。

パーティの様子はともかくとして、俺はその日お祝いの花束を方々からいただいたのであった。近頃は鉢植えをプレゼントするケースも少なくないのだが、さすがにベランダーの俺に鉢を与えるにはかなりの熟考を必要とする。あとであれこれと悪口を書かれるのも嫌だろう。それでみんな、花束でおさめてくれたらしい。

家に戻りついて、すぐに花瓶におさめた。持っている花瓶を総動員しても追いつかないほどであった。こういう時、金魚鉢を利用してもいいのではないかと考えがちな癖が俺にはある。メダカが泳いでいるにもかかわらず、なぜかそこに花を差し入れたくなるのだ。

なにしろ、すでにあちこちの部屋には水をたっぷり注いだ花瓶が立っているのである。地震でもあれば、火事の応急処置には事欠かないのではないかと思われる量である。それ以上増やせば逆に水害も考えられるほどだ。いっそのこと金魚鉢を利用出来れば、湿気の増大を少し抑えられるのではないかと思いついても仕方がない。

しかし、俺はかろうじてその欲望を具現化せずにすんだ。なぜなら、今年の中盤あたりに素晴らしい花束対策を開発済みだったからである。

「死者の土」が盛ってある大きな鉢。その土の中に俺はグサグサと花を差してしまうのである。生け花とはこういうことをこそ言うのではないかと俺は思う。なにしろ、花は元いた土に帰るのだ。そこから水分だの栄養だの細菌だの夜盗虫による被害だのを得ることが出来る。そしてもちろん、うまくいけば根を張って再生することが可能なのだ。花を生かすには絶好のアイデアである。

他の仕事で花をもらったりすれば、俺はすかさず束をほぐし、特に根のつきそうなやつを選んで土に差す。巨大な鉢はいきなりの花盛りとなり、洒落《しやれ》たガーデナー諸君さえ羨望《せんぼう》のまなざしで見るであろうような寄せ植えが出来上がる。何がいいといって、いかにも自分が育てたような錯覚が起きるのがいい。だから、なるべく無造作に差して記憶に残らないよう努力し、翌朝知らぬふりでベランダに出るのが俺の楽しみになる。

「あ、咲いた」

そういう嘘《うそ》を自分に容認し、俺は濡《ぬ》れ手に粟《あわ》の寄せ植えに驚いてみせるのである。咲いたのは嘘にしても、咲いているうちに根を張るお調子者がいるのではないかという期待には胸躍らせるものがある。

まさか根が付くわけがないというものをわざと差すのもいい。そういうタイプの花は、つまり実際に育てるのも難しそうなわけで、一生涯ベランダで咲くはずがないのである。そういう気難しいやつが華々しく存在しているベランダを見るのは実に気分がいい。

気のせいかも知れないのだが、この方法を用いると花が長持ちする。枯れかけても自然の摂理を思わせるから、がっかりしない。じゃあまた来年会おうという前向きな気持ちで見送ることが出来るのである。つまり、花束をもらった数日後のあの寂しさが見事に消えるのだ。

残念ながら、今のところ首尾よく根付いた花は一本もない。だが、俺は決して落胆することがない。どうせもともと枯れる花なのだ。万が一、中から我がベランダチームに参加したいという奇特なやつが出れば、そっちの方が奇跡なのである。いい加減な水やりで毎日ひどい扱いを受け、肥《こえ》切《ぎ》れで食うや食わずの苦労をし、咲くものも咲かなくしてしまうような悪漢の手で育ちたいなどという変わり者がもしも現れたなら、俺はそれだけで卒倒するくらい喜ぶだろう。

是非みなさんにもお勧めしたい。花をもらったら即ベランダへ送れ。あり得ないくらい見事に整って咲いた花をあたかも自分一人が育てたような気になって、そして誓うのだ。

一生にたった一度でいい。いつか必ず、こんな風に何かを育ててみせるのだ、と。

◆BOTANICAL LIFE◆

DO YOU BE-LIVE IN FLOWER POWER?

1999年11月

(November)

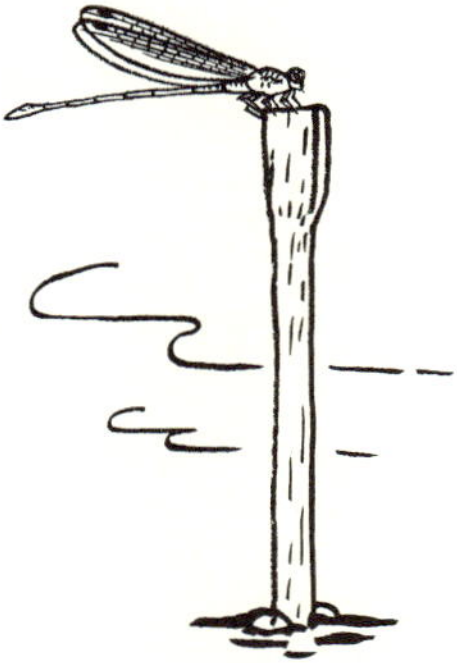

DO YOU BE-LIVE IN FLOWER POWER?

◆BOTANICAL LIFE◆

ヤゴ　発育不十分

［1999・11・30］

一九九九年十一月に生きている俺には、例のヤゴについての忘れがたい思い出がある。

子メダカのエサ用に買ってきた顆粒《かりゅう》を、俺はいまだ生きているヤゴに与え続けたものだった。メダカの卵容器にわけのわからない糸のような虫がわけば、すかさずスポイトで吸ってヤゴ容器に放した。

たいして大きくもならないまま、ヤゴはのんびり水の底で暮らしていた。水垢《みずあか》を掃除させるために、同じく自然にわいて出たタニシを投入したため、ヤゴ自体がエサを食べているかどうかがいっこうに確認出来なくなった。だが、だからといってタニシを引き上げれば、あの暑い夏の太陽にさらされてどんよりした水は素早く腐る。ヤゴは死ぬ。

時々水を替えてやりつつ、俺はヤゴを見つめ続けた。毎日何度も奴の容態を見、その度見失ってどきりとした。しかし、ヤゴは必ずどこかに隠れてひっそり生きていた。うっかりヤゴロクという名前を付けてしまった。死ぬと思っていたから、俺は名付けを控えていたのである。だが、ある残暑厳しい日、生きているヤゴを見て思わず「ヤゴロク」と声を発してしまったのであった。

ヤゴロクの野郎はめったに運動もしなかった。ひたすら藻にしがみついてじっとしているだけである。そして九月が過ぎ、十月に入った。

遅い夏休みで南の島に十日ほどいた。植物やメダカの世話を人にお願いしていたのだが、ヤゴについてはあまりくわしく話せなかった。どうせ死ぬ。どうせ死ぬ以上、いないものとして扱うくらいがちょうどいいと諦《あきら》めていたのだ。

にもかかわらず、家に帰り着いた俺が一番初めにしたことといえば、ヤゴの様子を見ることだった。ヤゴ用容器の置いてある書斎にバタバタと駆け入った俺は、そこで驚愕《きようがく》の声をあげた。なんと容器に差しておいた太めの割り箸《ばし》に一匹の糸トンボがしがみついていたからである。

ヤゴロクであった。ヤゴロク以外の誰でもない。やつはあらゆる苦難を経て、ついにトンボになっていたのだ。小さく細い体は緑色に光っていた。メダマは透き通るように美しい。ヤゴロク！　と何度も声をかけた。もちろん返事をするわけもない。必死に箸につかまっているのみだ。

しばしその姿を愛《め》でてから、俺はヤゴロクを箸ごとベランダに出した。鉢の土に箸を差し、初秋の夜風にさらす。やがて羽根が乾けばやつは空へと飛び立っていくだろう。俺はそう考えていた。

ところが何時間経《た》ってもヤゴロクは飛ぶことをしなかった。留守を守っていただいた方に御礼がてら電話をかけると、実はヤゴロクはすでに二日前にサナギから孵っていたのであった。つまり、トンボになったままその場所にい続けたのである。

ヤゴロクは飛べないのであった。その事実がわかった途端、俺はなんともしれない切なさに胸をつかまれてベランダに出た。風は冷たかった。急いで箸をつかんだ。そしてヤゴロクを部屋に連れ帰った。

ヤゴ時代にエサを食べていなかったのかもしれなかった。脱皮する時期が遅れてしまったのかもしれなかった。自然ではない暮らしのせいで弱っていたのかもしれない。ありとあらゆる悪条件を背負いながら、ヤゴロクは必死にトンボになった。だが、もう飛ぶ力が残されていなかったのだった。

翌日もその翌日もヤゴロクは箸につかまったままでいた。そして、気がつくとつかまったまま死んでいた。緑色の光はそのままで、ヤゴロクは命を絶っていたのである。不憫《ふびん》であった。俺は自分を責めた。見つけたその時に、どこか池にでも放してやればよかったのだった。そうしていれば、ヤゴロクなどと名前を付けられるような不自然なこともなく、秋の空を飛んで虫を食らい、他の仲間と交尾をして死んでいったはずなのだ。

死骸《しがい》を箸から丁寧に取り去り、指で羽根をつまんでじっと見つめ続けた。続けるうち、自分を責めるやり方が変わっていた。俺はヤゴロクを不自然だと感じていたのだが、その考えこそが不自然だと思ったのである。

夕立で出来た水たまりにもトンボは卵を産み付けてしまうのだった。やがて腐ってしまうようなドラム缶の上の溜《た》まり水にも産む。急流に産んでしまうこともあれば、軒下に出した金魚鉢にも産むのである。

条件がいつもいいわけではなかった。いや、それだけではない。たとえ条件の整った池や沼に卵を産みつけたとしても、おそらくヤゴロクのように飛べないトンボはいるはずなのだった。

俺たちはたまたま飛べるようになったトンボだけを見て、自然の摂理を感じている。自然の造化の不思議に驚いてみせる。だが、その飛べるトンボの背後には、羽根の不具を余儀なくされたトンボ、足の発育不良を負ったトンボ、それどころかヤゴになることさえ出来なかった一匹一匹がいるのであった。俺たちは〝生命の完璧《かんぺき》さ〟という概念に目をくらまされて、完璧ではなく死を刻印された無数の生命を想像出来なくなっているのである。

それが身体障害を持つ人々を特殊な存在と感じてしまう原因だとしたら、俺たちはつまり生命の多様さを知らないだけなのだ。うちのヤゴロクもまた自然のひとつであり、矛盾の中にいたわけではない。俺はそう考えたのである。

飛んでいるトンボを見ながら、飛ぶことのなかったトンボを思うこと。それはしっかりした観察さえあれば、それこそ〝自然〟に導き得る感覚なのだった。ヤゴロクの美しい死骸は俺にそのことを教えてくれたのである。

ヤゴロクはいまだに埋められていない。木で出来た南の島の皿の上に横たわっている。教えてくれたことを確かに受け取り、きちんと覚えた頃、俺はヤゴロクを葬《ほうむ》ろうと思う。

◆BOTANICAL LIFE◆

DO YOU BE-LIVE IN FLOWER POWER?

DO YOU BE-LIVE IN FLOWER POWER?

1999年12月

(December)

◆BOTANICAL LIFE◆

鉢

［1999・12・31］

永遠の反復

植物とともに暮らすことが、まるで息をするくらいに普通のことになってしまった。慣れた植物生活だからもう鉢は増えまい、むしろ勝手に増えるタニシが問題だと思っていたのだが、気がついてみるとこの冬も新顔がいる。新顔といっても、まったく見知らぬ植物ではない。

例えば、俺はまたしても〝真綿色した〟シクラメンの小さいやつを購入しているのである。あるいはキキョウ。これは赤い花が咲くらしく、球根状態の現在も目が離せない。目が離せないことでは芍薬《しゃくやく》の根っこも同様である。

これまで何度も失敗してきたにもかかわらず、やっぱり俺は芍薬のあの枯れ木同然の根に弱い。ボキボキと枝を折られた状態で芍薬は売られている。かろうじて根が生きているのは木の根元からトカゲの爪《つめ》みたいな形で花芽が出ていることでわかる。その赤い花芽がゆっくりとふくらむ様子を、俺は息をひそめて見やる。ある程度まで育って時を止めてしまった過去の例がおそろしいから、俺は願いをかけないようにする。がっかりするのがいやさに、感情を抑えて観察する。ありがたいことに、今のところ芍薬の花芽は順調に、スローモーションでふくらみ続けている。咲くかどうかはわからない。わからないが、咲く可能性は続いている。

一方で匂《にお》い桜も買い足してある。何日か淡いピンクの花を咲かせて、現在は葉の時代に突入しようとしている。果たして来年咲かせられるかどうかがポイントなのだが、俺はすでに半ばあきらめている。なぜとは言えない。咲き終えたばかりの匂い桜の様子を見ているだけで、ああ次は無理だろうなと思うのである。葉の系統で判断しているのか、そいつの個人的な元気さでそう考えるのか、もはやよくわからない。

匂い桜の横にあるのは福寿草だ。こいつの花はフキノトウみたいな具合の濃い緑に包まれて、ぐんぐんと質量を増しながらほぐれつつある。水やりさえ間違えなければ必ず咲くだろう。日々大きさを増す植物は、たいていそのまま花まで到達する。情報の展開速度が速いということは、生命力の強さに比例するからだ。たとえ、花ののちの長い沈黙を経ても、こうした植物はやがて一気呵成《いっきかせい》に育ち、花を咲かせる。

匂い桜だって花までの速度は相当なものなのである。だが、福寿草のそれとは本質的に異なっている。匂い桜においては、花のみが素早く情報展開するからだ。福寿草は違う。ガクの部分を含めて、おそらくは根の部分までを含み込んで花を咲かせてゆく。変容の全体性が特徴だといってもいい。

そういった全体的な変容を可能にする植物は放っておいても咲く。都会のベランダで何年も生き抜くだろうと感じさせる植物には、必ずその特徴がある。だから、逆に匂い桜を見て俺は〝ああ、今年限りだな〟と感じてしまうのだ。

花に至るまでの全体的な変容。メタモルフォーゼの急速度。

それがつまり、都会で暮らすことの必須《ひっす》条件なのだと植物は俺に教えてくれる。花というわかりやすい外面だけではなく、内的にも日々変わり続けること。どのような条件下においてもそれに対応し、しかしながら結局のところ最初から決まった形の花を咲かせてみせること。

鉢を次々に買い足しながらも、俺はその植物独自の強さを見たいのだなと感じる。化《ば》ける力。

毎日が昨日と違うこと。

自分を繰り返さぬこと。

だが、一年を経てまたその差異を保ち、繰り返すこと。

俺は植物から啓示を受けたような気分になる。そして、その気分がいまや日常的であることに少し驚く。都会で植物と暮らすことは、つまりその啓示を日々感じ取ることに他ならないのだ。

繰り返しながら、繰り返さぬこと。

植物はそんな見事な矛盾を生きている。

文庫版のためのあとがき

西暦２００４年の今も、ボタニカル・ライフは淡々と続けられている。にもかかわらず、その逐一をホームページ上へと書きつけなくなったのは、取材に答えるのがなんとなく面倒になったからである。これは俺の悪い癖だ。

インタビュアーが「植物を育て始めるきっかけはなんですか?」とか、「一番苦労することは?」とか、ほぼ毎回同じような事柄を聞かざるを得ないのは、まあある程度仕方がない。しかし、そういったことは全部ホームページに書いてあるじゃないかと俺の方は思ってしまうのである。読んでみてくれれば聞く必要もない。

繰り返すことが俺の不得手である。植物のごとき新鮮な反復ならともかく、単純な繰り返しのすべてが退屈だからこそ俺はルドベキアだのボケだのを飽かずに育て、前の行も見返さない速度でものを書いていたのだ。

で、面倒になった。「はい。母親がある日、オリズルランと金のなる木と笹《ささ》を送ってきまして……」とか、「苦労は水やりの具合と置き場所の確保ですかね」とか、いわば植物にあるまじき繰り返しの数々に辟易《へきえき》した。

草花であれば、これは死んでいるも同然の事態である。やつらなら目には見えなくとも日々根を移動させ、こり固まった芽の中で生命が何かを補給し、あるいはぐんぐんと死に近づいていく。おかげでこちらにとっても、厳冬に水をやることと、夏の盛りに水をやることには大きな違いが発生する。だからこそ、大きくとらえれば反復に過ぎないベランダー生活にも、実は毎日の微細な変化が生じてくるのである。

ということで、書くのをやめた。俺が得意になってあれやこれやとろくでもないことを書きさえしなければ、日々は平穏なのだ。平穏に、変幻自在に、どうせ死ぬことだけは決定している俺の一日一日が過ぎていくわけである。つまり退屈をまねいたのはこの俺自身であり、言ってみれば何かを表現しようとする凡庸さが〝植物にはあるまじき繰り返しの数々〟を呼び込んだのだ。

ここではっきりと申しあげておくが、けしてインタビュアーの皆さんが悪かったのではない。俺が悪かった。すべては俺の不徳のいたすわざである。そもそもなんだ、表現って。その貧乏くさいつまらなさは一体なんなのだ。

ひたすら黙ってトロ箱に肥料を混ぜ込み、猫よけのペットボトルにせっせと水を詰めている婆さんは、実のところ絶対につまらぬ反復などしない。で、聞きもしないのに自ら嬉々《きき》として「母親がある日、オリズルランと金のなる木と笹を送ってきまして……」とか、「苦労は水やりの具合と置き場所の確保ですかね」とか、持ちネタをしゃべりやがる。

だが、あの自由な反復に退屈はあり得ない。退屈なのは聞かされているこっちだけだ。なぜなら、本人にとってはそれがいつまでも新鮮な話だから。植物が今年と来年とさ来年とをいかにも同じように過ごしながら、本当のところ日々柔軟に化け続けるように、婆さんの気持ちもその度違うのだ。あるいは、最初の感激を飽きることなく反復する。表現として固定しないからこそ、その反復は続く。

ということで、同志ベランダー諸氏よ。俺もあいかわらずやっています。去年の植木市では、サンチュ、ひょうたん二ケ、サンショウ、あんずの木、馬の鈴草、ゆきもち草（これが黒い不思議な花を咲かせる!）、紫宝華《しほうげ》、チェリーセージ、月見草、松葉牡丹《まつばぼたん》二ケ、ムクゲ……と以上十一種類を買い込み、あらかた枯らしてしまいました。

ボタニカル・ライフにすっかり慣れ、草花を枯らすのがむしろ異常事態だと感じていた俺の内面は、このひどいていたらくによってまさに目に見えない、ほんのささいな、喜ぶべき変化を起こしています。

けれど、同志の皆さん。その変化についてここで根掘り葉掘り書くのはやめておきましょう。植物のように静かにその違いを生きる方が、今の俺にはむずむずするほど楽しいから。

だからといって、また唐突に書き始めてしまったら、それはそれでどうかお許しいただきたい。なにしろ書かないことも長く続けば、結果、十分に唾棄すべき繰り返しにおちいってしまうわけで。

植物が平気で狂い咲くような、しなやかに反復を避ける術を、俺はボタニカル・ライフによって頭の奥、体のすみずみにまで深く叩《たた》き込まれてきた人間です。

さて、最後に皆さまの素晴らしき植物生活がより長く続くよう、心からお祈り申し上げます。

その証拠に、ここでひとつ皆さま一人一人に呼びかけさせて下さい。

空を共有する友よ、と。

何が戦争だ、人間風情が偉そうに。ねえ？

本書を文庫化し、単行本には収録されなかった章をすべて入れてくれたのは長年の友人、新潮社の中島君であり、そこにあらたなデザインを加えてくれたのは坂本志保さん、そして追加の絵を描いて下さったのは笹尾俊一氏です。本当にありがとう。

2004年1月12日　東京の早朝は晴れ

いとうせいこう

解説

松岡和子

本と人には出会うべくして出会う「時期」というものがある。

いとうせいこう著『ボタニカル・ライフ』と私の場合にもそれが言える。仮にこの本の出版（一九九九年、単行本）が何年か前だったなら、たとえ目の前に置かれていても読もうとはしなかっただろう。敬して遠ざけていただろう。その訳は——

ある年、クリスマスを過ぎて一鉢五百円に値崩れしていたポインセチアを大喜びで二鉢買ってきたはいいが、翌日しおれさせてしまった私である。よ、よくじつである。水やり以外なーんにもせず、ただ置いておいただけなのに、である。しかもそんな苦い経験は、一度や二度にとどまらなかった。私は植物が苦手、と言うより植物は私が苦手——そんなコンプレックスがあったのだ（植物を育てるのが上手な人のことを英語で have a green thumb＝緑の親指を持つ、と言うけれど、私の親指は何色なのやら）。だから長年にわたって我が家の庭はほったらかし、雑草が跳梁跋扈《ちょうりょうばっこ》するに任せていた。

ところが、もろもろの事情が重なって、数年前の春あたりからぼちぼち庭いじりに精を出すようになった。まず目指したのは、門の横のフェンスを様々な色のクレマチスでいっぱいにすることだった。イギリスのコッツウォルド地方へ行ったとき、バイベリーという美しい村を訪れ、石塀一面とか、あるいは玄関のドアを囲むように白や紫、淡いピンクなどのクレマチスが咲き乱れる家を何軒も見てあこがれていたからだ。そのあこがれは叶《かな》いつつある。

と、こう書いてくると、『ボタニカル・ライフ』の著者から「あなたにはこの本を読む資格はない」と言われてしまいそうだ。

理由その一――著者は「ベランダー」を自称する。ベランダーとは著者の造語で、その定義は「庭のない都会暮らしを選び、ベランダで植物生活を楽しんでいる」人のこと。従って、庭のある暮らしをしている私は、まがりなりにもガーデナーの部類に入るわけで、となると、ガーデナーとは一線を画す誇り高きベランダーの仲間入りは許されそうもないのだ。

理由その二――本書には著者がベランダで育てた（あるいは、育てようとした）百種に及ぶ植物（金魚鉢の水草からバナナやインカのユリ、アルストロメリアまで！）

が登場するが、そのなかにあってクレマチスは、「散り際《きわ》が汚い」と一蹴される始末。だが私は『ボタニカル・ライフ』に出会ってしまった。そして感動した。たとえば、この心意気はどうだろう。植物からみれば愛の足りない人間かもしれないと反省したあとで著者は言う。「それでも俺は十分必死なのだ。しおれた茎には心を痛め、表土を覆《おお》ったカビを見ればガクゼンとする。その時、俺はかつてないほど俺以外の生命を愛しているのである」

そして私は、読みながら幾度も声を立てて笑った。そばにいた娘が「キモチわるーい」と言う。私はメゲずに笑いながら、「じゃあ、ここ読んでみて」と、ページを開いたまま彼女に本を突きつける。読んで娘も笑う。どんなもんだ、と私は得意である。

アハハと笑うのは、著者があまたの鉢花の生死に一喜一憂し、その栄枯盛衰に振り回される姿に誘われただけではない。鋭利な観察力に裏付けられた、植物に対する鮮やかでユーモラスな「見立て」が意表を突くからだ。それに続く連想の広がり、速度、勢い。いくつか例を挙げてみよう。

日々新たな花を咲かせるニチニチ草の咲き方は、バトンをつないでゆくリレー競技になぞらえられる。それは、二ヶ月あまり続く「小さな大運動会」。実は私も『ボタニカル・ライフ』を読む前年の夏、初めてニチニチ草を大量に植えた。だからこの見立てには心から同感できる。

　植えたはいいが名前が分からなくなった球根が仲間に入ると、彼らは新入社員になぞらえられ、ベランダに並ぶ無数の鉢は「我がベランダ株式会社」となる。

　傑作な見立ては、一鉢八百円に値下がりしていた胡蝶蘭《こちょうらん》である――元エリート官僚！「そんな東大卒の花が、俺の部屋に来るほどにおちぶれたのである」とくる。それが三ヶ月後に花をつければ「たった一人で開催した花博」。

　鉢植えの群れはある時は軍隊、またある時は野球のチーム、冬になって室内に取り込まれれば、「夜逃げ寸前の部屋」で泣き叫ぶ「ガキども」となる。

　ここに一貫しているのは、月並みな言い方をすれば「擬人化」なのだが、そんな月並みな言い方そのものが恥ずかしさに冷や汗をかくくらい著者の植物に寄せる思いは熱く、描写にも植物たちにも脈々と血が通っている。

　その熱さのよってきたるところは、本書執筆のプロセスにある。「誰に頼まれたわけでもない。思いついてどこかの雑誌に持ち込んだわけでもない。／ホームページである。／つまり読者も自分、編集者も自分というような状況の中で手記は始まり、しかしなぜか毎月俺は書き続けたのである。（中略）毎月毎月、書きたくて書きたくてたまらず、文章が伸びていくのにまかせてキーを叩《たた》き続けた」それが一九九六年十月

行本収録以降のいとう式植物生活を知ることができる）。から九九年十二月まで毎月続くのだから驚嘆に値する（ちなみにこの文庫版では、単

これまでの引用で、いや、本書のどこでも一ページ読めばお気づきだろうが、この「手記」の一人称は「俺」である。これについては著者自身が「不完全な植物愛好者ゆえに、自分はあえて乱暴に『俺』という言葉を使う」と説明している。そして植物たちは愛を込めて「やつら」と呼ばれる。「俺」と「やつら」に代表される硬派でデッドパンな本書の文体。その効果は絶大だ。レイモンド・チャンドラー描くところのフィリップ・マーローのごときハードボイルド・タッチで、そこに「かわいい」といった形容詞が入る。このミスマッチがたまらない。著者もまたタフで優しい。

超越的な何者かの神秘を感じ取ったり、それに対する畏怖《いふ》の念を覚えたりすることがとみに少なくなっている都市生活の中で、それを可能にしてくれるのは植物だと思う。著者は言う、「俺はつまり、植物すべてに弱いのだ。死んだものが生き返り、信じられない速度で育っていくこと。それは俺の中の根源的な何かをくすぐってやまない。だから、ベランダで毎日俺は、ガキみたいに目をまんまるにして、その不思議を見つめているのである」

二十数年前に植えたアンズの木がたわわに実をつけだした五、六年前の初夏、私は

「地面に落ちたまま腐らせては天の恵みに申し訳ない」とばかり、大鍋に三、四杯分ものジャムを煮た。それが毎年続いている。思えば私にそうさせたのは、著者の言う「不思議」だったに違いない。

「目肥え」という言葉がある。即ち、見ることが肥やし。「不思議」を見つめる著者のガキの目は、植物たちにとって何よりの肥やしなのだ。

かく言う私自身、家の中の鉢植えや庭の草木に目肥えをやることを怠るまいと心がけているのだが、そんな時ふと気づくと、心の中でいとう氏に報告しているのだ。たとえば、過ぎた夏、炎天下にほうっておいたシャコバサボテンが、真冬の日向の窓辺で満開になったとき。まるで薬玉（中身のコンフェッティは全部ピンク）が裏返ったようなその姿を見ながら「ダンボール箱をかぶせたり、はずしたりしなくても咲きました」とか。「シクラメンて、ほんとに小椋佳《おぐらけい》の歌どおり『疲れを知らない子供のよう』なんですね」とか。

「解説」にしてはずいぶん私自身のボタニカル・ライフについて語ってしまったが、悪いのは私じゃない。この本のせいだ。著者がこれを書き始めたきっかけは、カレル・チャペックの『園芸家12カ月』を読んだことだそうだが、チャペックがいとうせいこう氏に及ぼしたのと同じ力と魅力が、氏から私に及んだのである。

『ボタニカル・ライフ』に出会ってしまった人は、ガーデナーであれベランダーであれ、折りに触れ花に触れておのれのボタニカル・ライフに思いを致し、いとう氏にあれこれ報告したくなるだろう。報告の返事が欲しければ、またページを繰って「俺」の声を聞けばいい。

（二〇〇四年一月、翻訳家）

この作品は一九九九年三月紀伊國屋書店より刊行された『ボタニカル・ライフ　植物生活』に、一九九八年十月〜一九九九年十二月まで著者のホームページで継続連載された十八章を加え、さらに加筆訂正したものである。

ボタニカル・ライフ
—植物生活—

新潮文庫　い－39－4

平成十六年三月一日発行
令和七年三月五日十一刷

著者　いとうせいこう

発行者　佐藤隆信

発行所　株式会社新潮社

郵便番号　一六二―八七一一
東京都新宿区矢来町七一
電話　編集部（〇三）三二六六―五四四〇
　　　読者係（〇三）三二六六―五一一一
https://www.shinchosha.co.jp

価格はカバーに表示してあります。

乱丁・落丁本は、ご面倒ですが小社読者係宛ご送付ください。送料小社負担にてお取替えいたします。

印刷・錦明印刷株式会社　製本・錦明印刷株式会社

ISBN978-4-10-125014-4 C0177